L'ART DU TAILLEUR

OU

THÉORIE EXPLICATIVE ET PRATIQUE

DE TOUT CE QUI CONCERNE

LES

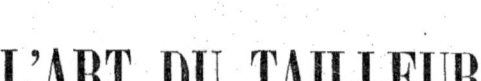

VÊTEMENTS CIVILS, MILITAIRES, AMAZONES, ROBES DE DAMES
HABILLEMENTS D'ENFANTS

ET TOUS LES GENRES DU COSTUME

Par Leclaire

Tailleur, Professeur de coupe de vêtements, breveté s. g. du Gouvernement.

———

Cet ouvrage est orné de **6** planches et **30** figures en rapport avec les explications de chaque article contenu dans ce livre.

———

CINQUIÈME ÉDITION SIMPLIFIÉE ET PERFECTIONNÉE

Prix : 5 francs

———

PARIS

NE SE VEND QUE CHEZ L'AUTEUR

5, RUE D'AMBOISE, 5

PRÈS LE BOULEVARD DES ITALIENS ET LA RUE DE RICHELIEU

—

1855

L'ART DU TAILLEUR

OU

THÉORIE EXPLICATIVE ET PRATIQUE

DE TOUT CE QUI CONCERNE

LES

VÊTEMENTS CIVILS, MILITAIRES, AMAZONES, ROBES DE DAMES HABILLEMENTS D'ENFANTS

ET TOUS LES GENRES DU COSTUME

Par Leclaire

Tailleur, Professeur de coupe de vêtements, breveté s. g. du Gouvernement.

———

Cet ouvrage est orné de **6** planches et **30** figures en rapport avec les explications de chaque article contenu dans ce livre.

———

CINQUIÈME ÉDITION SIMPLIFIÉE ET PERFECTIONNÉE

Prix : 5 francs

—⋙⋅⊙⋅⋘—

PARIS

NE SE VEND QUE CHEZ L'AUTEUR

5, RUE D'AMBOISE, 5

PRÈS LE BOULEVARD DES ITALIENS ET LA RUE DE RICHELIEU

—

1855

On poursuivra conformément aux lois tout contrefacteur de cet ouvrage, qui a été déposé à la direction.

Chaque exemplaire devra être revêtu de la signature de l'auteur.

Paris.—Imp. de BLONDEAU, rue du Petit-Carreau, 26.

PRÉFACE

———

A l'aide de cet ouvrage, le seul aujourd'hui, de ce genre, on peut garantir de couper et faire confectionner toute espèce de vêtements d'homme, civil ou militaire, habillements d'enfants, amazones, robes de dame, soit que la personne à habiller se tînt droite ou voûtée, soit qu'elle fût renversée, bossue ou de travers ; enfin cet ouvrage permet au coupeur de suivre exactement toutes les conformations du corps humain, sans nécessité d'essayer les vête-ments avant leur entier achèvement. On peut de plus être assuré, que ces vêtements iront mieux que ceux que les trois quarts des tailleurs essaient trois ou quatre fois et même plus.

En traçant d'après nos principes, qui sont infaillibles, il est impossible de manquer soit un habit, soit un pantalon, soit un gilet ou tout autre pièce de costume.

Lorsqu'on aura pris mesure d'après ces mêmes principes, on pourra donc envoyer des vête-ments soit en province, soit à l'étranger, et être aussi tranquille que si on les avait essayés sur le client.

Nous ne saurions trop répéter que nous garantissons le succès, sans essais et sans être obligé d'avoir recours aux poignards. S'il y a des incrédules, ce dont nous ne doutons pas, nous les prions de nous proposer des défis que nous acceptons d'avance; nous nous engageons de plus à reprendre notre ouvrage et à rembourser le prix à tous les tailleurs qui pourront nous prouver l'inexactitude de ce que nous avançons.

Il est donc bien entendu que cet ouvrage est vendu avec garantie.

Nous avons simplifié le tracé autant que cela nous a été possible, afin que le tailleur, en lisant chaque article et le dessinant à mesure, puisse exécuter un tracé aussi bien que nous. Aussi, en recommençant chaque pièce cinq ou six fois de suite, on pourra très-bien apprendre seul.

Dans tout le cours de ce livre, nous nous sommes plus attaché à nous faire comprendre par tous les tailleurs, qu'à employer un style recherché, et quoique cet ouvrage puisse paraître compliqué, il n'en est pas moins très-simple : beaucoup de lignes dans les figures du tracé, ne s'y trouvent que pour indiquer la manière de placer les mesures; le tracé lui-même ne se compose que de quelques lignes peu compliquées et faciles à apprendre ; nous pouvons assurer que beaucoup de nos élèves ont appris toute cette méthode en trois ou quatre leçons de deux heures, et d'autres en moins de temps.

D'après notre manière de couper, nous garantissons encore une économie d'au moins dix centimètres de drap sur chaque grande pièce, en coupant le patron en papier pour chacune d'elles, et en plaçant le patron sur le drap, on coupe beaucoup plus vite, par la raison qu'on ne tâtonne pas pour économiser deux centimètres de papier dont la valeur est presque nulle, au lieu de chercher comme par la méthode ordinaire souvent et longtemps, pour ne perdre du drap que le moins possible. De plus, on a besoin du patron du devant pour recouper les devants après qu'ils sont doublés, (tous les tailleurs savent que les ouvriers dérangent la coupe en travaillant et en doublant, ce qui occasionne de grands poignards); de plus, si on fait des suçons au bas du devant, ces suçons redressent l'épaulette de la même différence de la largeur des suçons. Cependant des suçons sont indispensables, comme on le verra dans notre tracé, pour les clients renversés et minces de ceinture, et ayant une poitrine forte : il nous fallait chercher tous les moyens d'éviter ce dérangement de la coupe, soit par l'ouvrier, soit par les suçons ou si l'on veut par le travail. La manière la plus simple et la plus sûre est de recouper les devants comme le patron après que l'ouvrier a doublé les devants, mais il faut que ce doublage reste à demeure et fixe, et que l'ouvrier ne dérange plus rien aux devants avant que l'habit ne soit entièrement fini :

1° Nous observons que pour pouvoir faire cette opération, on doit laisser deux centimètres de drap à la pointe de l'épaulette du devant en dedans de l'emmanchure, et de même à la pointe du côté de l'emmanchure, ces deux centimètres aux pointes servent à placer le patron de manière à ne rien creuser dans l'emmanchure du devant, ce qui rétrécirait la poitrine ;

2° On se gardera bien de faire des suçons au patron du devant ; on les dessinera seulement, pour les couper semblables sur le drap au devant ; car en faisant des suçons au patron on redresserait l'épaulette du patron, ce qui produirait les mêmes défauts que ceux que nous voulons corriger au devant ;

3° Lorsque les suçons du devant sont faits, les devants doublés et entièrement finis, que l'on est prêt à monter le dos avec les devants, aplatissez les suçons et les tendages des côtés, afin que les devants soient plats ; placez la couture de côté du patron sur la couture de côté du devant, à deux ou trois centimètres plus haut que la taille ; et l'épaulette du patron sur l'épaulette du devant, et que le tout soit bien à plat ; mettez quelque chose de lourd par dessus pour maintenir le patron sur le devant, afin que rien ne se dérange de cette position, et tracez le devant exactement en suivant le patron, l'épaulette, l'emmanchure et la couture de côté seulement, sans vous occuper de la poitrine qui est toujours bien par devant ; ce drap, que vous avez laissé aux pointes de l'emmanchure, est destiné à renverser l'épaulette du devant dans le cas où le travail de l'ouvrier aurait redressé l'épaulette pour éviter de creuser à l'emmanchure du devant, ce qui rétrécirait la poitrine. Il est facile à comprendre : notre patron du devant s'ajuste à la cambrure ; c'est-à-dire que l'habit touchera assez et ne touchera pas trop à la taille, et dans les côtés du haut en bas ; l'emmanchure est juste partout et emboîte naturellement sans gêner le client et ne fait de tiraillement nulle part ; l'épaulette n'est ni trop courte, ni trop longue, ni trop droite, ni trop renversée ; c'est-à-dire que notre corsage a un aplomb parfait dans tout son ensemble ; il est certain que si on faisait des suçons au devant du patron, on dérangerait tout l'ensemble de notre tracé et il n'y aurait plus d'accord, seulement notre patron est trop large à la ceinture au bas du devant de la différence des suçons que l'on doit faire, afin que la mesure de la ceinture arrive à la ligne A, au bas du devant. Si nous faisons des suçons à notre patron, ces suçons redresseront l'épaulette, on baisserait la pointe de côté à l'emmanchure, et si nous diminuons cette largeur au bas par devant, en dedans de la ligne A, notre habit remonterait par devant lorsqu'il serait boutonné, le haut du devant ferait un mauvais effet, et n'emboîterait pas cette poitrine bombée avec un devant plat ; on place donc le patron sur le drap et on trace exactement tout au tour. Cela fait, on enlève le patron, on coupe les devants et on fait des suçons au bas du devant, afin que la largeur de ceinture arrive au moins à la ligne A.

Cherchons à faire comprendre la nécessité de recouper les devants après qu'ils ont été doublés, comme le patron. Prenez un patron de devant, le premier venu, sans suçons ; placez ce patron sur du drap et tracez exactement tout autour ; enlevez ce patron et faites des suçons à ce patron ; cousez ces suçons afin qu'ils ne s'écartent pas, les suçons faits, replacez la couture de côté du patron sur la couture de côté de votre tracé du haut en bas et voyez si l'épaulette est à sa place; par ce moyen on se rendra compte.

Jugez combien notre raisonnement est juste; nous sommes assuré que notre tracé et tout notre corsage emboîtent toutes les conformations de la personne sur laquelle on a pris les mesures, c'est tout ce que nous pouvons faire. Maintenant c'est aux tailleurs à faire confectionner de manière à ne pas changer ni déranger la coupe.

Pour recouper les devants d'après le patron, après être doublé, rien n'est plus simple , un enfant peut le faire, et cinq minutes suffisent, voilà où se bornent nos essais que nous ne pratiquons jamais sur le client.

Nous défions le tailleur le plus adroit de réussir parfaitement un habit sur cinquante, sans l'essayer et y ajouter des poignards, s'il ne recoupe pas les devants étant doublés et s'il ne prend pas les mesures des cambrures.

L'ART DU TAILLEUR

ou

THÉORIE EXPLICATIVE ET PRATIQUE

DE TOUT CE QUI CONCERNE

LES

VÊTEMENTS CIVILS, MILITAIRES, AMAZONES, ROBES DE BAL ET HABILLEMENTS D'ENFANTS

ET TOUS LES GENRES DU COSTUME

OBSERVATIONS SUR LA MANIÈRE DE COUPER AVEC ÉCONOMIE

(Voyez planche sixième.)

Il y a beaucoup de tailleurs qui ont une mauvaise manière de tirer chaque pièce du vêtement dans l'étoffe, ce qui fait une perte assez considérable par les entrecoupes que l'on ne peut employer, et tout en mettant beaucoup de morceaux dans les doublures. Nous avons tracé sur la planche sixième chaque pièce d'une redingote, d'un pantalon et d'un gilet, afin de donner à nos élèves, qui n'ont pas l'habitude de couper, les idées propres à tirer le meilleur parti possible de l'étoffe. La manière que nous indiquons permet d'économiser dix centimètres de drap sur chaque grande pièce; nous n'avons presque pas de morceaux aux doublures, toutes nos entre-coupes ont leur emploi, et nous ne perdons pas un centimètre de drap.

Nous tirons premièrement la jupe au haut du drap; le devant de la jupe au bord de la lisière. Nous indiquons ce côté de préférence à l'autre; en voici la raison : Un bon coupeur doit étudier ou analyser tout ce qu'il fait, soit pour l'emploi de l'étoffe, soit pour avantager telle ou telle conformation, de manière que le vêtement ait la meilleure grâce possible sur le client, sans s'occuper de la grâce du tracé en lui-même; c'est-à-dire, que si un client est mince du haut, on peut le faire paraître plus gros du haut; et si un autre est gros de ceinture, on peut le faire paraître plus mince dans cette partie, sans le secours de la ouate, par la coupe seulement. Cherchons à nous faire comprendre. Notre tracé naturel produit des vêtements qui emboîtent naturellement, et d'une manière très-juste, toutes les conformations; mais nous n'entendons pas, parce qu'un habit s'adaptera parfaitement sur toutes les parties du corps, que cet habit est gracieux. Il est facile à un coupeur qui a du goût de dire : « Voilà mon tracé pour telle conformation; mais je voudrais donner un tel genre à cet habit, et s'il y a des défectuosités ou des défauts de nature dans cette conformation, il faut chercher les moyens de masquer ces défauts autant qu'il m'est possible. » Le coupeur doit se dire encore : « Voilà mon tracé juste partout; en laissant un peu plus large ou un peu plus de rond dans telle partie, en repoussant cette rondeur dans telle autre, en tendant tel endroit, j'obtiendrai tel résultat, mon vêtement sera juste ici et large à tel endroit. »

Voilà ce que nous nommons *raisonner* ou analyser ce qu'on fait. Par ce moyen, on donne à un vêtement et le genre et la grâce. Un coupeur qui ne raisonnerait pas de cette manière, ne serait simplement qu'une mécanique faisant toujours la même chose, et s'il réussissait quelquefois à donner à un vêtement de la grâce, ou, comme on dit, du *chic*, ce n'est que par des nombreux essais et poignards. Souvent aussi les vêtements sont gâtés.

Revenons à notre manière de tracer sur le drap. Tous les tailleurs savent que les draps et les étoffes sont moins soignés ou moins beaux à la lisière que vers le milieu. Par cette raison, on doit tirer les pièces les plus apparentes dans le plus beau de l'étoffe; d'abord la jupe, comme nous venons de l'expliquer; le dos, en suivant le pli du milieu du drap, et l'encolure du dos dans la pointe au bas du derrière de la jupe (*voyez* planche sixième, figures Nos 1 et 2); le dessus et le dessous de la manche à côté l'un de l'autre, au bas du devant de la jupe (figures Nos 3 et 4); le petit côté entre le dos et les manches (*voyez* figure N° 5); le devant, au bas de la manche, et la couture de l'anglaise au bord du drap (N° 6); deux anglaises à côté du devant, en montant dans l'emmanchure, les deux autres anglaises au pli du milieu du drap (N° 7); le milieu, entre les anglaises, sert pour les doublures des devants (*voyez* figure N° 8); les parements au bas des doublures, au pli du drap (N° 9); le dessus de collet, au haut de la jupe (figure N° 10); l'entrecoupe, au bas du petit côté, sert à remplir les doublures des devants (*voyez* figure N° 11); la pointe, au haut du derrière de la jupe, sert pour le dessus de collet (*voyez* figure 0), et les autres entrecoupes servent à remplir le dessous de collet et les doublures d'épaulettes. De cette manière, toutes nos entrecoupes trouvent leur place, et nous avons de très-belles doublures de devant presque sans morceaux, et il ne nous reste pas un centimètre d'entrecoupe. Toutes les grosseurs ne sont pas les mêmes; il arrive souvent qu'on ne peut pas tirer les petits côtés entre la manche et le dos. Dans ce cas, on tirera les petits côtés et les doublures des devants, en descendant dans la pièce de drap. Il est évident qu'il faut plus de drap pour une grande taille que pour une taille ordinaire; mais on tirera toujours les pièces principales, comme nous venons de l'expliquer.

MANIÈRE DE COUPER LES PANTALONS SUR L'ÉTOFFE

Il y a des tailleurs qui tirent les devants du pantalon en faisant suivre la couture de côté du haut en bas au bord de l'étoffe. Sans doute, cette manière forme des entrecoupes plus larges avec lesquelles on peut faire des devants de gilet, si le pantalon n'est pas d'une grosse taille; mais nous nous garderons bien de faire cette économie pour des clients que nous voudrons bien servir, par la raison que les devants sont en biais, et produisent toujours de petits tiraillements en travers, si l'étoffe est faible, ce qui n'est pas gracieux. Il n'y a que les étoffes à bande sur les côtés que nous coupons de cette manière; mais pour toutes autres étoffes nous ferons toujours suivre le droit-fil, en suivant la ligne d'aplomb. Pour couper un pantalon, on doit toujours suivre le raisonnement que nous avons indiqué plus haut; c'est-à-dire, tirer toujours les parties les plus apparentes dans le plus beau de l'étoffe; les côtés du devant seront donc pris du côté du pli du milieu de l'étoffe. Les devants une fois coupés, on placera le devant le plus large sur l'étoffe, pour tracer le derrière, de manière que la couture de côté du derrière puisse se trouver à la pointe là où on a tiré la pointe de l'enfourchure du devant, et la pointe de l'enfourchure du derrière à la lisière. De cette manière, si l'étoffe n'est pas assez large pour la pointe de l'enfourchure de derrière, il ne faut qu'un petit morceau en droit-fil pour remplir cette largeur du derrière. On gagne ainsi deux centimètres de largeur produits par le renversement du haut du derrière entrant dans le creux de l'enfourchure du devant, et le plus beau de l'étoffe se trouve aux endroits les plus apparents du pantalon (*voyez* planche sixième, figures Nos 12 et 13).

Nous observons que le haut du derrière est un peu renversé : ce renversement sert à fournir de la longueur au dos du derrière, afin d'éviter des tiraillements sur les genoux lorsque la personne est assise; on devra tendre de deux centimètres le haut de la couture de côté du derrière, en commençant par la hauteur de l'enfourchure jusqu'au haut de la ceinture, comme nous l'avons indiqué par des points. Cette tension produit un très-bon effet.

TRACÉ DU GILET SUR L'ÉTOFFE

Ainsi que nous l'avons dit, on doit toujours tirer les pièces les plus apparentes dans le plus beau de l'étoffe; on placera, en conséquence, le côté des devants du gilet à la lisière, et le côté des boutonnières au milieu de l'étoffe, de façon que le pli du milieu de l'étoffe forme le châle, en s'emboîtant dans l'encolure des devants. Ce moyen économise l'étoffe, et il est facile de faire rapporter les dessins avec les devants ou les anglaises, si l'on veut faire un gilet croisé, boutonnant jusqu'à la cravate. (*Voyez* planche sixième, figure N° 14.)

TRACÉ DU DOS DU GILET SUR L'ÉTOFFE

On laissera deux centimètres d'étoffe au bas du milieu du dos en plus que le tracé en dehors de la ligne A, en diminuant insensiblement jusqu'à l'encolure du dos. Ces deux centimètres sont utiles au client, qui peut ainsi se serrer ou se desserrer à la ceinture avec la boucle, sans déranger l'aplomb du gilet. (*Voyez* figure N° 15.)

AVIS

Le prix du cours de nos leçons de coupe, pour tout apprendre pendant le temps nécessaire, et à toute heure du jour, jusqu'à ce que les élèves sachent couper et *raisonner* chaque genre de vêtement aussi bien que nous, est, une fois payés, de. . . . . 50 fr.

Cours du soir, de huit à dix heures, une fois payés, de. . . . . 25 fr.

Pour tracer d'après nos principes, les règles et les équerres numérotées ou tous autres instruments sont inutiles; une règle et un centimètre suffisent.

Les tailleurs qui ne comprendraient pas bien quelques passages de cet ouvrage, dans le cours du tracé surtout, peuvent s'adresser à nous; des explications gratuites leur seront données chez l'auteur, LECLAIRE, professeur de coupe, rue d'Amboise, 5.

OBSERVATIONS DIVERSES SUR LA MANIÈRE DE PRENDRE LES MESURES

La manière de bien prendre les mesures est une chose très-importante pour pouvoir saisir les conformations de chaque personne qui se fait habiller. Il faut cependant être sobre ; les prendre justes, et à l'endroit du corps le plus convenable est toute la science qu'il faut connaître. Prenez des mesures à peu près ; vous ne couperez les habits qu'à peu près, et, pour bien réussir un habit avec des mesures mal prises, il vous faudra essayer et poignarder, et encore la réussite ne sera pas toujours certaine, outre les grands dérangements et les faux frais, ruine souvent beaucoup de tailleurs : la grande quantité de mesures est, sous plusieurs rapports, plutôt nuisible qu'utile :

1° On ennuie le client, car il arrive souvent qu'un homme ne peut s'abandonner à la disposition tout-à-fait arbitraire du tailleur ;

2° Toutes ces mesures ne peuvent partir d'un point fixe ; elles ne sont souvent que des points de départ supposés marqués de la craie sur l'habit du client ;

3° Des mesures en grande quantité, les unes en long et en travers, d'autres en large et diagonalement, ne peuvent toujours être justes : les unes ont été un peu plus serrées que les autres. Partant d'un point supposé, il est de toute impossibilité qu'elles soient toutes d'une grande justesse ; c'est alors ce qui embarrasse souvent un coupeur dans son tracé. Quelques-unes s'accordent et d'autres ne s'accordent pas ; le coupeur tâtonne, ne sait que faire et finit par couper à peu près ; de là toute nécessité d'essayer et de poignarder. Ceci, dit en passant, est d'une utilité incontestable, car nous connaissons des tailleurs qui prennent quinze mesures pour un habit, d'autres en prennent vingt-deux et d'autres vont jusqu'à trente-deux, et, quoique avec une aussi grande quantité de mesures, ils n'ont pas même celles qui sont tout-à-fait indispensables. Par exemple, les mesures de cambrure, et la grosseur des omoplates. Ces mesures, au nombre de quatre, sont dans notre tracé d'une justesse telle qu'elles emboîtent toutes les conformations du corps humain, et ces quatre mesures de cambrure et d'omoplate nous produisent un tracé juste, quelle que soit la tenue du client, droite ou renversée, courbée ou bossue, creuse ou pleine dans les côtés ; s'il porte le ventre en avant ou en arrière, s'il a le dos rond, plat ou de travers, s'il est plus fort d'un côté que de l'autre, s'il a une épaule plus haute, une hanche plus élevée ; enfin, s'il a une poitrine plate ou bombée. Nous disons donc que, jusqu'à présent, les tailleurs n'ont pas compris la manière de prendre les mesures, ni la place où elles doivent se prendre, ni la manière de les appliquer, et, s'ils les avaient comprises, il y a longtemps que les essais et les poignards auraient disparu. Nous pouvons prouver cette vérité à tous ceux qui se servent des premières méthodes ; les mesures que nous recommandons spécialement sont la grosseur du haut et la cambrure du devant.

MESURE D'HABITS ET REDINGOTES

1. Longueur de cambrure du dos.
2. Longueur de la taille.
3. Longueur totale (jupe et basque).
4. Longueur de cambrure du devant.
5. Grosseur des omoplates.

6. Largeur de carrure.
7. Longueur du coude.
8. Longueur du coude au poignet.
9. Hauteur des hanches.
10. Grosseur du haut.
11. Grosseur de ceinture.

EXPLICATIONS SUR LA MANIÈRE DE LES MESURER

On doit commencer par faire boutonner le vêtement sur lequel on prend les mesures, afin de faire toucher ce vêtement sur les côtés, et afin de prendre ces mesures le plus juste possible : les longueurs de la taille se prennent suivant le goût du client ou la mode. Tous les tailleurs savent que les longueurs seulement sont prises par-dessus l'habit et les grosseurs par-dessus le gilet, le plus exactement qu'il est donné de le faire, et cela pour tous les genres de vêtements, même pour ceux qu'on veut porter par-dessus l'habit. La mesure que nous recommandons de prendre avec beaucoup d'attention, c'est la grosseur du haut sur la poitrine : on sait que beaucoup de clients, lorsqu'on prend cette mesure, gonflent la poitrine, effet qui produit quatre ou cinq centimètres en trop sur la largeur. Pour obtenir cette mesure, nous conseillons de la prendre très-haut sous les bras, très-haut encore sur la poitrine, à sept ou huit centimètres de la cravate, et de la serrer jusqu'à ce que le centimètre résiste. Ainsi, si le client enfle la poitrine, ce gonflement ne monte pas à cette hauteur, et on est assuré d'obtenir une largeur juste. Pour les cambrures et les grosseurs d'omoplate, il arrive souvent que le vêtement sur lequel on doit prendre les mesures est d'une trop grande épaisseur, ce qui produirait infailliblement des mesures trop larges ; on les prendra donc par-dessus le gilet, mais sans trop les serrer.

Si on coupe un pardessus avec ces mêmes mesures, supposons que le client porte quarante-six centimètres de grosseur du haut, on tracera d'après quarante-huit centimètres, c'est-à-dire deux centimètres en plus que la mesure juste, laissant aussi quatre centimètres pour l'épaisseur de l'habit, et de même deux centimètres à la cambrure du devant et à la grosseur de l'omoplate ; le pardessus sera ainsi proportionné à la grosseur de l'habit et sera satisfaisant.

MESURE SUR LE CLIENT

1. CAMBRURE DU DOS. — Pour prendre cette longueur, on porte le bout du centimètre à la couture du collet, au milieu du dos, en descendant droit jusqu'au creux des reins, à peu près à deux ou trois centimètres plus haut que la taille naturelle ; faites une marque avec de la craie à cette place sur le bas de la couture du dos : supposons que cette longueur porte 42, ou plus, ou moins, si c'est 42, écrivez 42 sur votre calepin.

Observons que cette longueur n'a pas de point fixe ; on peut la mettre un peu plus haut, mais jamais à la longueur de la taille. Elle n'est utile que pour donner un point fixe à la cambrure du devant.

2. LONGUEUR DE TAILLE. — Après avoir fait une marque à 42 centimètres au creux des reins, on descend jusqu'à la hauteur où l'on veut fixer la taille : soit 46 centimètres, et en suivant jusqu'au bas de la basque ou de la jupe que nous supposons à 90 centimètres. Ces trois mesures doivent se prendre

l'une après l'autre, et du même coup, sans être obligé de porter le centimètre au collet pour chacune de ces longueurs.

3. Longueur de cambrure de devant. — On place le bout du centimètre à la couture du milieu du dos au collet, en passant par dessus l'épaule, en rejoignant la marque 42, au creux des reins, sur la couture du milieu du dos, en maintenant toujours le bout du centimètre en haut, et en serrant un peu fort cette mesure, supposons pour une taille ordinaire 65 centimètres. Si on prend cette mesure sur le gilet on prendra juste, mais plutôt aisée que serrée.

4. Hauteur des omoplates. — On prend cette mesure en plaçant le bout du centimètre toujours à la couture du milieu du dos au collet, en descendant droit sur la couture du milieu jusqu'à l'endroit où l'on veut assurer la largeur du rond dans les côtés. Supposons encore 18 centimètres, faites à cette place une marque avec de la craie, et écrivez 18 centimètres; cette mesure ne servira que pour donner un point fixe à la mesure de la largeur du devant à emboîter dans cette partie, et pour s'assurer du rond qu'il faut donner dans les côtés. Il y a des personnes dont les omoplates sont très-saillantes, d'autres presque insensibles, c'est à dire des dos plats; d'autres qui ont un dos rond et bombé, plus ou moins élevé; d'autres, encore, qui sont bossus, c'est à la hauteur de ces difformités que l'on doit fixer la mesure de hauteur de l'omoplate et faire la marque N° 18.

5. Largeur de l'omoplate du devant. — Pour prendre cette mesure, on place le bout du centimètre à la couture du milieu du dos au collet, en passant par dessus l'épaule, et en rejoignant la marque 18 sur la couture du milieu du dos. Il faut serrer un peu cette mesure en la maintenant par le haut à son point de départ.

6. Longueur du coude. — On porte le bout du centimètre à la couture du milieu du dos, en face de la carrure, de là au bout du coude; on marque la carrure en passant du coude au poignet. Ces mesures doivent être prises en faisant lever et courber le bras au client : supposons pour ces trois mesures les chiffres 18, 52 et 83 centimètres.

7. Hauteur des manches. — On porte le bout du centimètre sous le bras, en touchant l'aisselle, et de là à l'os de la hanche.

8. Grosseur du haut. — On prendra cette mesure en montant le centimètre le plus haut possible sous les bras, en rejoignant les deux bouts par devant et très haut sur la poitrine, à 7 ou 8 centimètres de la cravate; on doit serrer cette mesure, prise ordinairement sur le gilet : 96 centimètres; partagez par moitié, soit 48 centimètres.

9. Grosseur de ceinture. — On prend cette mesure en faisant le tour du corps au creux des hanches, et en rejoignant les deux bouts par devant; supposons 80 centimètres partagés par moitié, ou 40 centimètres.

DIVISION DE LA GROSSEUR DU HAUT

Dans le cours de notre tracé nous aurons souvent besoin de nous servir des expressions moitié, quart, huitième ou seizième de la grosseur du haut. Cette division s'obtient très-facilement, il suffit de prendre toujours la moitié. Ainsi, si le client porte 96 centimètres de grosseur totale du haut, nous indiquons la moitié, qui est de 48, et qu'il nous faudra écrire comme grosseur du haut; tous les tailleurs savent encore qu'on ne peut faire le tracé d'un habit avec la grosseur totale, qui serait, par exemple, de 96, c'est donc la moitié de 96 (soit 48 centimètres), qui se nomme grosseur du haut, et qui se subdivise en moitié, soit 24, et successivement 12, 6 et 3 centimètres. Nous avons supposé 48 pour qu'il soit plus facile de nous faire comprendre; on divisera de même toutes les grosseurs du haut, et ce moyen bien simple et presque sans calcul, donne de suite les divisions de toutes les grosseurs du haut, depuis la plus grosse taille jusqu'à celle d'un enfant.

Voici encore un moyen pour trouver de suite et sans risque de se tromper, les divisions de la grosseur du haut; il suffit de couper une petite bande de papier de la longueur exacte de la moitié de la grosseur du haut que nous avons supposée de 24 centimètres, pliez cette petite bande par le milieu; faites alors un petit cran à ce milieu, vous obtiendrez ainsi le quart de la grosseur du haut de chaque côté; pliez encore un côté par le milieu, ce qui vous donnera le huitième de la grosseur du haut; en pliant ce huitième par le milieu, on obtient le seizième de la grosseur du haut. Pour faire bien comprendre ces explications et pour que l'on puisse bien s'en rendre compte, nous avons dessiné cette petite bande de papier, et marqué ses divisions par des crans, comme nous venons de l'expliquer. (*Voyez* planche première, figure N° 1.)

MOYEN DE SE SERVIR DES DIVISIONS DE LA GROSSEUR DU HAUT

1° Lorsqu'on a besoin de la moitié de la grosseur du haut à partir d'un tel point à un autre, on place la petite bande de papier dans toute sa longueur;

2° Quand on a besoin du quart de la grosseur du haut, on place la moitié de la petite bande de papier;

3° Quand on a besoin du huitième de la grosseur du haut, on place le cran marqué du N° 8.

4° Quand on a besoin du seizième de la grosseur du haut, on place le cran marqué N° 16, et le bout de la petite bande qui est abattu d'un côté, indique les longueurs de toutes ces divisions.

Ces moyens bien simples permettent à tous les tailleurs de tracer aussi bien que nous à mesure qu'ils lisent chaque article. Il suffit de savoir lire pour apprendre nos principes.

TRACÉ DU COLLET POUR TOUTES LES ENCOLURES ET LES GROSSEURS

La manière de couper un collet est une chose très-importante, car un collet mal ajusté à l'encolure gâte la grâce d'un vêtement, et dérange souvent tout l'ensemble d'un habit. Nous ne comprenons pas pourquoi chez la plupart des tailleurs, cette pièce est confiée pour la couper aux ouvriers. Peut-être ne savent-ils pas eux-mêmes couper un collet? Les trois quarts des ouvriers ne le sachant pas mieux, il en résulte des essais et des poignards et souvent même la perte des habits. Pour qu'un collet soit convenable il faut, lorsqu'il est monté, qu'il tombe naturellement et sans le secours du fer, mais toutes les fois qu'il faudra tendre ou rentrer pour faire aller un collet, il ne sera jamais gracieux et l'humidité le fera toujours revenir dans son état primitif; les pointes seront relevées et les revers tiraillés en tous sens par cela même que le collet est mal ajusté à l'encolure.

Nous donnons ici la manière de tracer un collet par toutes les encolures, et on est assuré que les collets aussitôt montés seront adaptés au goût ou à la mode.

TRACÉ DU COLLET POUR TOUTES LES ENCOLURES

1° Prenez un morceau de papier de la largeur et de la longueur du collet que vous voulez tracer, tirez une ligne à la règle au bord du papier, cette première ligne sera la ligne A ;

2° Mettez la hauteur que vous voulez donner au pied du collet en partant de la ligne A et en montant ; faites une marque N° 1 là où porte cette hauteur ; faites une autre marque N° 2 à la même hauteur et à l'autre bout du papier, placez une règle sur les marques N°s 1 et 2 et tirez une ligne qui est la ligne B ;

3° Placez le plus creux de l'encolure du devant sur la ligne A, de façon que la ligne B, qui forme la cassure, suive droit là où vous voulez faire renverser le revers du devant ; l'encolure étant placée de cette manière sur le papier, tracez juste en suivant exactement l'encolure depuis le plus creux jusqu'au bord du revers ou bout du collet ; cela fait, coupez le rond du pied du collet jusqu'au plus creux de l'encolure là où vous avez commencé, et, de ce point, coupez en suivant la ligne A ; mettez alors le collet à la longueur en mesurant d'après l'encolure du devant et du dos et en laissant un bon centimètre plus long au collet. Pliez ensuite le collet par le milieu en commençant par la ligne B sur le derrière, et en allant droit sur la pointe du pied du collet par devant, comme nous avons indiqué par une ligne de petites croix. Le collet étant placé de cette manière, coupez le tombant à la longueur du pied par derrière. Il est facile à comprendre que si on coupait le tombant en ligne droite sur le derrière, après avoir placé le collet suivant la ligne B qui forme la cassure, le tombant serait trop court par derrière et briderait sur les épaules ; si on veut faire le collet d'habit qui puisse boutonner du haut en bas, on mettra le bout de l'encolure du revers sur la ligne B et toujours le creux de l'encolure sur la ligne A, on suivra ensuite le même principe. (*Voyez* le modèle, planche première, figure N° 6.)

MESURE POUR UNE AMAZONE

Les mesures d'une amazone sont les mêmes que celles d'un habit, à cela près que l'on doit prendre trois grosseurs du corps : la grosseur du haut, la grosseur du buste sur les mamelles et la grosseur de ceinture.

MESURE POUR LES GILETS

1. Longueur du devant. — On prend cette mesure en portant le bout du centimètre à la couture du milieu du collet, en descendant droit par devant jusqu'à la longueur que le client ou la mode exigent et on marque en passant la hauteur où le client désire boutonner le gilet.

2. Grosseur du haut, prise très-haut sur la poitrine.

3. Grosseur de ceinture.

4. Hauteur des hanches.

5. On prendra les mesures de cambrures et d'omoplates, si le client est voûté ou bossu. On peut se servir des mesures de l'habit pour le gilet.

OBSERVATIONS DIVERSES sur la MANIÈRE de PRENDRE les MESURES du PANTALON

MESURE DE PANTALON

Très-peu de tailleurs savent prendre les mesures de pantalon. Presque tous prennent la grosseur du haut de la cuisse et creusent l'enfourchure d'après cette mesure qui est très-souvent fausse; c'est-à-dire trop étroite ou trop large. Il est facile de le comprendre, certaines personnes ont les cuisses très-grosses et grasses, et la partie postérieure plate; il est présumable alors que cette grosseur du haut de la cuisse produira trop de largeur à l'enfourchure et au derrière; que le pantalon ne touchera pas et n'emboîtera juste cette partie qui est un des points principaux du pantalon. Chez d'autres le contraire se produit : ceux-ci ont des cuisses très-minces et maigres, quoique jouissant d'un certain embonpoint, leur partie postérieure est très-forte et bombée; la grosseur du haut de la cuisse produira donc une enfourchure trop étroite, le pantalon touchera à l'enfourchure et le derrière sera trop étroit. Presque tous les tailleurs prennent la longueur de l'entrejambe. Il n'y a pas de mesure plus variable par la difficulté même de prendre cette longueur juste. Les cuisses très-grosses et grasses, et serrées l'une contre l'autre, de certains hommes, empêchent de porter le bout du centimètre à l'enfourchure, et souvent, par suite de l'écartement des jambes, leur pantalon ne touche plus et produit une mesure trop courte. D'autres relèvent leur pantalon trop haut, ce qui fait alors remonter les chairs; on touche, mais on obtient cette longueur trop longue qui fait souvent faire des pantalons sans aucune justesse; des essais sont nécessaires avant de finir le pantalon, afin d'éviter des poignards qui dérangent l'aplomb du pantalon.

Afin d'éviter tous ces dérangements et ces faux frais de retouche, le mieux à faire est de ne pas prendre ces deux mesures qui sont absolument fausses pour beaucoup de clients. Il n'y a que pour les gros ventres qu'on est obligé de prendre la longueur de l'entrejambes, par la raison que le creux des hanches est plein et souvent plus saillant que les hanches même. Dans ce cas, il n'est plus possible de trouver l'os de la hanche enfoncé dans la graisse; mais toutes les fois que nous pouvons saisir l'os de la hanche, qui est notre point de départ pour prendre la longueur de côté, il ne faut jamais mesurer la longueur d'entre-jambes ni pour les pantalons, ni pour les culottes.

MESURE POUR UN PANTALON COLLANT

1. Longueur de côté.

2. Grosseur de ceinture.

3. Grosseur du tour de reins.

4. Grosseur du milieu de la cuisse.

5. Grosseur du genou.

6. Grosseur du mollet.

7. Largeur du bas.

8. Grosseur du ventre, si le client a un gros ventre.

MANIÈRE DE PRENDRE LES MESURES

1. LONGUEUR DE CÔTÉ. — On porte le bout du centimètre au creux de la hanche, en descendant droit jusqu'au genou, et, de ce point, jusqu'à la semelle de la botte ou du soulier.

2. GROSSEUR DE CEINTURE. — Mesurez en prenant le tour du corps au creux des hanches et en rejoignant les deux bouts par devant.

3. GROSSEUR DU TOUR DES REINS. — Cette mesure est prise très-bas sur le gros des fesses et les deux bouts du centimètre se rejoignent au bas du ventre.

4. GROSSEUR DU MILIEU DE LA CUISSE. — Entre le genou et l'enfourchure.

5. GROSSEUR DU GENOU.

6. GROSSEUR DU MOLLET. — On prend le tour du mollet.

7. LARGEUR DU BAS. — Largeur prise suivant le goût ou la mode.

8. GROSSEUR DU VENTRE. — Prendre le tour du corps et rejoindre les deux bouts du centimètre droit sur le plus gros du ventre.

Nous observons que toutes les fois que la grosseur de ceinture sera plus large que 44 centimètres, c'est que le ventre a grossi. Dans ce cas, on doit prendre la grosseur du ventre.

Dans le cours de notre tracé, lorsqu'il sera parlé de la grosseur du tour de reins ou de la grosseur de ceinture, il est bien entendu qu'il s'agira de la moitié de la grosseur totale, dans tous les tracés; excepté pour les longueurs qui ne se partagent pas; mais toutes les largeurs se divisent par moitié. (*Voyez* planche cinquième, pour le tracé du pantalon.)

COURS THÉORIQUE ET PRATIQUE SUR LE TRACÉ DE L'HABIT

TRACÉ DU DOS

Pour commencer notre première leçon sur les grandes pièces, nous avons tracé un dos d'habit qui pourra servir en même temps pour un dos de redingote, en laissant un peu plus de largeur à partir insensiblement du haut du pli, et en élargissant ainsi jusqu'au bas :

1. Tirez une ligne à la règle au bord de l'étoffe, pour la mettre droite, et une seconde pour tracer le dos. Cette seconde ligne touchera la première en haut, s'éloignera de trois à quatre centimètres à la taille : ces trois ou quatre centimètres formeront le cran ou la croisure du milieu du dos à la taille ; cette seconde ligne sera la ligne A.

2. Tirez en haut une autre petite ligne en travers et d'équerre avec la ligne A ; elle doit former l'encolure du dos : c'est la ligne B.

3. Mettez le quart de la grosseur du haut à partir de la ligne B, en descendant sur la ligne A ; faites une marque là où porte ce quart : cette marque formera la ligne C, qui doit être prise d'équerre avec la ligne A.

4. Mettez le seizième de la grosseur à la ligne C, toujours en descendant sur la ligne A ; faites une marque là où porte ce seizième : cette marque doit former la ligne D qui est le bas de la carrure ; cette ligne D sera également d'équerre avec la ligne A.

5. Mettez la longueur de la taille de la ligne B à l'encolure, en descendant sur la ligne A ; faites une marque là où porte cette mesure de longueur de taille : cette nouvelle ligne E sera la taille du dos.

6. Mettez la longueur totale de l'habit avec la basque, en partant toujours de la ligne B, et en descendant sur la ligne A jusqu'au bas ; faites une marque qui forme le bas du dos.

7. Mettez la huitième de la grosseur du haut à la ligne A, en suivant la ligne B ; faites une marque, N° 1, là où porte ce huitième ; cette marque N° 1 forme la largeur de l'encolure du dos.

8. Mettez le quart de la grosseur du haut à la ligne A, en suivant la ligne D ; faites une marque, N° 2, là où porte ce quart de la grosseur du haut ; ajoutez à ce quart ou à cette marque N° 2 un huitième de la grosseur du haut, plus un centimètre ; faites une marque N° 3, là où porte ce huitième augmenté d'un centimètre : cette marque N° 3 formera la largeur de la carrure ligne F. Observons que cette dernière mesure n'est pas de rigueur ; on peut la faire plus ou moins large, cela dépend du goût ou de la mode : nous avons fixé une mesure moyenne, parce qu'elle les proportionne à toutes les grosseurs. Il arrive souvent qu'on prend mesure sur des vêtements auxquels il est impossible de fixer une largeur de carrure. Le point fixe que nous donnons pour toutes les grosseurs est un point de départ d'une largeur moyenne ; mais, que l'on coupe la carrure plus ou moins large, cela ne change rien à notre tracé ; si la carrure est plus étroite, le talon de la manche sera plus long, et le contraire se manifestera si la carrure est plus large, comme on le verra au tracé de la manche.

9. Dessinez le dos, en partant de la marque N° 1 à l'encolure, en creusant légèrement et en arrivant vers les lignes F et C ; laissez monter l'encolure un bon demi-centimètre plus haut que la ligne B à la marque N° 1, en arrivant à rien vers la ligne A ; dessinez la couture de côté en partant de là marque N° 3, ligne D, en creusant et en rejoignant la ligne E à la taille. On creuse la couture de l'épaulette et la couture de côté, plus ou moins, suivant le goût ou la mode : cela ne dérange en rien le tracé du devant. Si le dos est plus creusé, le devant aura plus de rond dans les côtés, et le contraire existera, si le dos est moins creusé, cet effet se produit seul par le tracé des devants.

PLANCHE PREMIÈRE. — FIGURE N° 3.

COURS THÉORIQUE DU TRACÉ. — DOS ET DEVANTS D'HABIT

DEVANTS

1. Tirez une ligne à la règle de la longueur du devant que vous voulez tracer; cette première ligne est le bord de l'étoffe : c'est la ligne A.

2. Tirez une autre ligne en travers et d'équerre avec la ligne A, au haut et au bord de l'étoffe; cette ligne B formera le haut de l'épaulette.

3. Mettez le huitième de la grosseur du haut à la ligne A, en suivant la ligne B; faites une marque N° 1, là où porte ce huitième sur la ligne B; cette marque N° 1 doit former la ligne C; tracez cette ligne C du haut en bas, parallèle à la ligne A.

4. Mettez la moitié de la grosseur du haut à la ligne B, marque N° 1. En descendant sur la ligne C, faites une marque N° 2, là où porte cette moitié de la grosseur du haut; cette marque N° 2 doit former la ligne D; tirez cette ligne D d'équerre avec la ligne C.

5. Mettez le huitième de la grosseur du haut à la ligne D, marque N° 2, en montant sur la ligne C; faites une marque N° 3, là où porte ce huitième; cette marque N° 3 doit former la ligne E; tirez cette ligne E d'équerre avec la ligne C.

6. Mettez la hauteur des hanches à la ligne D, toujours en descendant sur la ligne C; faites une marque N° 4, là où porte cette hauteur des hanches; cette marque N° 4 doit former la ligne F, qui indique le creux de la hanche; tirez cette ligne F d'équerre avec la ligne C.

7. Mettez le quart de la grosseur du haut à la ligne C, marque N° 1, en suivant la ligne B; faites une marque N° 5, là où porte ce quart; cette marque N° 5 doit former le haut de la ligne G et forme encore la pointe de l'épaulette à l'encolure.

8. Mettez la grossseur du haut à la ligne C, marque N° 2, en suivant la ligne D; faites une marque N° 6, là où porte cette grossseur du haut. Cette marque N° 6 forme le haut de la ligne H.

9. Mettez la moitié de la grosseur du haut à la ligne A, marque N° 7, en suivant la ligne D; faites une marque N° 8, là où porte cette demi-grosseur du haut; cette marque N° 8 doit former le bas de la ligne G. Cette distance est indiquée par des points longs depuis la marque N° 7 jusqu'à la marque N° 8; placez une règle sur les marques N° 8 et N° 5, ligne B, et tirez cette ligne G.

10. Placez le centimètre sur la marque N° 4, lignes C et F, et sur la marque N° 5, ligne B, et tracez avec de la craie la couture de l'épaulette en vous servant du centimètre comme d'un compas; nous avons indiqué ce tracé par des lignes de points allongés.

11. Placez l'encolure du dos à la marque N° 5, et la couture de l'épaulette du dos sur le tracé de l'épaulette du devant; le dos étant dans cette position, tracez juste en suivant la couture de l'épaulette du dos, et faites une marque N° 9, là où porte la couture de l'épaulette du dos à la carrure; cette marque N° 9 forme la pointe de l'épaulette du devant à l'emmanchure. Nous avons indiqué le dos dans cette position par des petits points. (*Voyez* planche première, figure N° 3.)

12. Placez la grosseur du haut à la marque N° 2, ligne C, en allant droit sur la ligne F; faites une marque N° 10, là où porte cette grosseur du haut; cette marque N° 10 forme le bas de la ligne H indiquée par des petits points, en plaçant deux fois la grosseur du haut à la marque N° 2: la première, pour trouver la marque N° 6, et la deuxième, pour trouver la marque N° 10; placez une règle sur les marques N° 6 et N° 10, et tirez la ligne H du haut en bas.

13. Placez la couture du milieu du dos contre la ligne H, du haut en bas, et le bas de la carrure du dos sur la ligne E; faites une marque N° 12, là où porte le bas de la carrure sur la ligne E; cette mar--

que N° 12 indique juste la pointe du côté à l'emmanchure. Nous avons indiqué cette première position du dos par des petits points. (*Voyez* maintenant figure N° 4, planche première.)

14. Pour trouver la deuxième position du dos pour le crochet, c'est-à-dire pour savoir juste le rond qu'il faut laisser à la couture de côté du devant, mettez un seizième de la grosseur du haut à la marque N° 12, en suivant la ligne E ; faites une marque N° 13, là où porte ce seizième ; placez le bas de la carrure sur la marque N° 13, et la couture du milieu du dos au bas sur la marque N° 10, ligne F. Le dos étant dans cette deuxième position, tracez la couture du côté du devant, en suivant exactement la couture de côté du dos, du haut en bas, en commençant par la marque N° 13, en suivant le dos jusqu'à la taille, et faites une marque N° 14 au bas de la couture de côté du dos. Cette marque N° 14 doit former la pointe du petit côté à la taille.

15. Pour dessiner le crochet, placez le quart de la grosseur du haut à la marque N° 13, ligne E, en suivant la couture de côté en descendant ; faites une marque N° 15, là où porte ce quart, et dessinez le crochet en partant de la marque N° 12 pour rejoindre la couture de côté du dos à la marque N° 15.

16. Pour dessiner l'emmanchure, mettez le huitième de la grosseur du haut à la marque N° 8, lignes D et G, en suivant la ligne D sur le côté ; faites une marque N° 16 sur la ligne D là où porte ce huitième ; dessinez l'emmanchure en partant de la pointe de l'épaulette, marque N° 9, en creusant légèrement ; joignez ensuite la ligne G à la ligne E, et de ce point rentrez d'un demi-centimètre entre les lignes E et D, en creusant un peu pour rejoindre la marque N° 8 ; et de ce nouveau point il faut sortir d'un demi-centimètre de la ligne D, en creusant légèrement, prendre en passant la marque N° 16 pour atteindre la marque N° 12, qui forme la pointe du côté de l'emmanchure.

17. Pour dessiner l'encolure, partagez par moitié la distance entre les lignes B et E ; faites une marque N° 17, au milieu, à la ligne C ; dessinez l'encolure en partant de la marque N° 5, à la pointe de l'épaulette, en creusant légèrement, et rejoignez la marque N° 17 sur la ligne C ; et de ce point au milieu, entre les lignes C et A, marque N° 18, c'est-à-dire un seizième en dehors de la ligne C.

18. Pour trouver la longueur du devant, par-devant, placez le centimètre à la pointe de l'épaulette, à l'encolure marque N° 5, et sur la pointe du petit côté, à la taille, marque N° 1. ; pivotez et portez cette longueur sur la ligne A, par-devant ; faites une marque N° 19, là où porte cette longueur : cette marque N° 19 donne juste la longueur des devants aux anglaises, pour le corsage des redingotes et habits. Nous observons que les basques des habits allongent les devants de trois à quatre centimètres ; on diminuera donc les devants du corsage de trois à quatre centimètres, en partant de la couture des anglaises, en arrivant à rien jusqu'au milieu du devant ; c'est-à-dire, qu'on diminuera la longueur du devant d'autant que la basque fournira. Sans cette précaution, l'habit serait trop long par-devant de trois à quatre centimètres.

19. Dessinez le devant aux anglaises, en partant de la marque 18 à l'encolure, en arrondissant, et rejoignez le milieu de la ligne A entre les lignes D et F ; de ce point, il faut joindre la marque 19 au bas, en rentrant seulement d'un petit centimètre à la marque 19.

20. Dessinez la couture aux hanches, en partant de la marque 19, en creusant légèrement, et rejoignez la marque N° 14 à la taille.

21. Mettez la largeur de ceinture à la marque N° 10, un peu plus haut que la taille, en suivant la ligne F sur le devant ; faites une marque N° 20, là où porte cette largeur de ceinture, sur la ligne F. Nous avons indiqué cette largeur de ceinture par une ligne de points allongés, afin de nous faire comprendre ; car, dans cette circonstance, beaucoup de tailleurs gâtent les habits, en diminuant le côté, au bas du devant, ou la couture des anglaises, pour arriver à mettre le bas du devant à la largeur de ceinture. Notre largeur de ceinture devrait arriver à la ligne A par-devant, et cependant elle n'atteint que la marque N° 20, éloignée de six centimètres de la ligne A. Nous ne pouvons, en outre, rien diminuer au bas du côté, puisque la cambrure du devant porte juste sur la ligne H, marque N° 10, ce qui prouve, du reste, que le client se tient droit, c'est-à-dire, ni voûté, ni renversé. Nous ne pouvons

également diminuer par-devant, à la marque N° 19, que tout au plus un centimètre, car si on enlève plus dans cette partie, l'habit remontera par-devant lorsqu'il sera boutonné. A quoi donc emploierons-nous donc ces cinq centimètres qui excèdent la largeur de ceinture, marque N° 20, par-devant? Cette question est facile à résoudre pour un tailleur qui comprend son art : faites-en des suçons au bas du devant. C'est une preuve que le client est mince de ceinture, que sa poitrine est forte et bien prononcée, et qu'il faut des suçons pour former un creux destiné à emboîter cette poitrine bombée ; et si la largeur de ceinture, en partant de la marque N° 10, arrivait à la ligne A, marque N° 19, ce serait une preuve que le client aurait la poitrine plate et qu'il serait gros de ceinture. Dans ce cas, il ne faut pas faire de suçons au bas du devant ; il est donc bien entendu, en tous cas, que les suçons du bas du devant seront de la même distance que la largeur de ceinture à la ligne A, quelle que soit cette largeur, et on ne fera pas de suçons si la ceinture arrive ou dépasse la ligne A. (*Voyez* planche première, figure N° 4.)

PLANCHE PREMIÈRE. — FIGURE N° 4.

APPLICATIONS DE MESURES DE CAMBRURE

CAMBRURE

Le tracé naturel que nous venons de faire est pour un homme se tenant droit ; mais nous ne savons pas si cet homme est creux ou plein dans les côtés, s'il a le dos rond ou plat, s'il se tient en avant ou en arrière, s'il a une épaule plus basse, et s'il est plus fort d'un côté. Il est évident que sur cent personnes qui se font habiller, il faudra cent coupes différentes, et il est très-rare de rencontrer deux conformations exactement semblables. C'est ici que nous devons nous servir des mesures de cambrure et d'omoplate, en les appliquant sur notre tracé naturel, figure N° 4 ; nous allons trouver de suite les changements à faire pour toutes les conformations que nous avons indiquées tout-à-l'heure, et toutes ces différentes conformations ne nous embarrasseront pas plus dans leur difformité que celles irréprochables. Les vêtements seront bien adaptés, et doués en outre de toute la grâce possible.

Pour appliquer nos mesures de cambrure et d'omoplate, nous avons tracé spécialement la quatrième figure, et pour ne pas surcharger de nouvelles complications le tracé de la troisième figure.

CAMBRURE DU DOS

1. Placez la longueur de la cambrure du dos à la couture du collet en descendant droit, et en suivant la couture du milieu du dos ; supposons que cette longueur porte 42, faites une marque à 42, sur la couture du milieu du dos, au creux des reins. Nous avons indiqué cette longueur par des points allongés.

CAMBRURE DES DEVANTS

2. Placez le bas de la carrure du dos sur la marque N° 13, ligne E, et le bas du dos en suivant la couture de côté du devant. Supposons que la cambrure du devant porte 65 centimètres de longueur, diminuez de cette longueur la largeur de l'encolure du dos que nous supposons de 7 centimètres ;

diminuez 7 centimètres de la cambrure du devant, il restera 58 centimètres, chiffre que vous placez à la pointe de l'épaulette, à l'encolure, marque N° 5, ligne B, en descendant droit sur la marque N° 8, au bas de l'emmanchure ligne D, et, de ce point, en allant droit sur la marque 42, au creux des reins, sur la couture du milieu du dos. Si la cambrure du devant, qui est de 65 centimètres, se trouvait juste sur la marque 42, qui est la cambrure du dos, le dos étant dans cette position qui est celle du tracé naturel, c'est qu'alors le client se tient droit, c'est-à dire, ni voûté, ni renversé, et que le vêtement serait convenable dans tout son ensemble. (*Voyez* figure N° 4.)

PLANCHE DEUXIÈME. — FIGURE N° 1.

TRACÉ DES DEVANTS POUR LES VOUTÉS

Le tracé pour les voûtés ou dos ronds est le même que celui de la figure N° 3, à la différence près des mesures de cambrures.

1. Le tracé des devants pour les voûtés est le même que celui des conformations ordonnées ; placez la longueur de la cambrure du dos à la couture du collet, au milieu du dos à l'encolure, en descendant droit sur la couture du milieu du dos jusqu'au creux des reins, à trois ou quatre centimètres plus haut que la taille. Nous avons supposé cette longueur de 42 centimètres ; faites une marque à l'endroit où portent ces 42 centimètres sur la couture du milieu du dos ; (cette longueur est indiquée par une ligne de points allongés) placez ensuite le bas de la carrure du dos sur la marque N° 13, ligne E, et la couture de côté du dos, en suivant la couture de côté du devant jusqu'au bas.

2. Pour placer la cambrure du devant, nous avons supposé 65 centimètres, depuis la couture du milieu du dos au collet, en passant par dessus l'épaule et en rejoignant la marque 42 au creux des reins, longueur de la cambrure du dos ; la largeur de l'encolure du dos est donc comprise dans la longueur de cambrure du devant, supposée de 65 centimètres ; diminuez sept centimètres, plus ou moins suivant la largeur de l'encolure du dos et de la cambrure du devant, car ces longueur et largeur varient suivant les longueurs et les grosseurs de chaque personne ; en diminuant sept centimètres sur 65 il reste 58 ; placez 58 à la pointe de l'épaulette, à l'encolure du devant, ligne G marque N° 5, en descendant droit sur la marque N° 8 au bas de l'emmanchure par devant, et, de ce point, en allant droit sur la marque 42 au creux des reins, qui est la longueur de la cambrure du dos. Si la cambrure du devant, qui est de 65 centimètres, arrive jusque sur la marque 42 qui est la cambrure du dos ; vous tracerez la couture de côté du devant, en suivant la couture de côté du dos, comme il est expliqué pour le tracé naturel (figure N° 4) ; mais si la longueur de 65 centimètres était trop courte pour arriver à la cambrure du dos au creux des reins, marque 42, le dos étant dans cette position, vous rentrerez le bas du dos sur le devant, jusqu'à ce que la mesure 65 arrive juste sur la marque 42 ; et vous ferez la marque N° 14, là où portera le bas de la couture de côté du dos, à la taille.

3. Vous avez fait une marque N° 14 à la longueur de la cambrure du devant, placez la couture de côté au bas du dos à cette marque N° 14 ; la couture du milieu du dos à l'encolure sur la ligne H, et le bas de la carrure du dos sur la ligne E ; faites une marque N° 12, là où porte le bas de la carrure sur la ligne E, cette marque indiquera juste la pointe du côté à l'emmanchure.

4. Mettez le seizième de la grosseur du haut à la marque N° 12, en suivant la ligne E ; faites une autre marque N° 13, là où porte ce seizième, cette marque N° 13 vous indique le crochet ou le rond du côté ; placez le bas de la carrure du dos sur la marque N° 13 et la couture de côté du dos sur la marque N° 14 ; tracez la couture de côté en partant de la marque 13, en suivant exactement la couture du

côté du dos jusqu'au bas de la taille à la marque N° 14. (*Voyez* le modèle, planche deuxième, figure N° 1.)

5. Dessinez le crochet ou le rond du côté, en partant de la marque N° 13 et rejoignez la couture de côté à la marque N° 15. Par ce moyen bien simple on remarquera que la couture de côté du devant est changée de place; que la couture du milieu du dos au bas de la taille, est éloignée de la ligne H de trois centimètres; que la pointe du côté à l'emmanchure est rentrée d'un centimètre et demi depuis la marque N° 12, à la première marque N° 12. On rentrera alors la marque N° 16 de la distance pareille à celle qui existe entre la marque N° 12 première et la marque N° 12 deuxième; on creusera l'emmanchure par devant en dehors de la marque N° 8, ligne G, entre les lignes D et E de la même différence et on reportera encore cette même différence en dehors de la ligne A et D, pour la largeur de la poitrine. Par ce moyen, tout l'ensemble du devant est changé de place, à l'exception de l'épaulette qu'il ne faut jamais changer; le reste du tracé est le même que celui des figures N°s 3 et 4, planche première. (*Voyez* les modèles.)

PLANCHE DEUXIÈME. — FIGURE N° 3.

TRACÉ DES DEVANTS POUR LES RENVERSÉS

RENVERSÉ

1. Pour les renversés, le tracé est le même que pour les hommes qui se tiennent droit, qui est le tracé naturel (*voyez* figures 3 et 4, planche première), à cela près que la mesure de cambrure du devant dépasse la ligne H, marque N° 11, qui est l'opposé des voûtés; mais pour les voûtés comme pour les renversés, on fera bien de se servir des deux mesures d'omoplate, comme pour les bossus. Les voûtés, quoique n'étant pas bossus, ont les omoplates plus ou moins prononcées; ce qui leur fait un dos bombé, ou, pour nous faire comprendre, un dos rond. Il faut laisser du rond à la couture du milieu du dos pour pouvoir emboîter cette conformation; car il y a des voûtés qui se tiennent très-droits, mais qui, creux à la taille, portent la largeur en avant, situation opposée aux renversés qui portent la largeur en arrière, et ont tout-à-fait le dos droit; il est facile de comprendre que le creux des reins étant plein, le dos est droit, et les omoplates sont moins saillantes ici que chez celui qui est creux des reins à la taille. C'est pour cette raison que nous nous servons des grosseurs d'omoplate; ces deux mesures indiquent s'il faut laisser plus ou moins de rond dans les côtés et à la couture du milieu du dos (*voyez* figure N° 3, tracé des bossus, planche deuxième).

PLANCHE DEUXIÈME. — FIGURE N° 3.

TRACÉ DE DEVANTS POUR LES BOSSUS

1. Le tracé des devants pour les bossus est le même que celui des hommes se tenant droit, qui est, au reste, le tracé naturel (*voyez* planche première, figures N°s 3 et 4), à cette différence seulement que le devant étant tracé naturellement d'après nos principes, on se sert des mesures de cambrure et des mesures d'oroplate. En les appliquant sur le tracé naturel, ces quatre mesures indiquent s'il faut

laisser la couture du milieu du dos droite ou creuse, ou laisser du rond dans cette partie, et, en même temps s'il faut faire la couture de côté des devants plus ronde ou plus droite. Ces mêmes mesures indiquent encore si l'on doit rentrer plus ou moins la pointe de côté à l'emmanchure, si l'on doit creuser l'emmanchure plus ou moins par devant, et faire ressortir plus ou moins la poitrine ou couture des anglaises en dehors de la ligne A. Il est démontré aussi par ces mêmes mesures de cambrure et d'omoplate s'il faut rentrer ou cambrer plus ou moins le côté des devants à la taille, et s'il faut porter plus ou moins la largeur de ceinture en avant, en dehors de la ligne A ; et enfin elles indiquent le rond et la place nécessaires pour emboîter la bosse. Nous considérons donc les mesures de cambrure et d'omoplate comme étant la véritable boussole de l'art du coupeur ; et cette comparaison est juste, en ce qu'un navire en pleine mer court les risques, s'il n'est guidé par la boussole, de se jeter à la côte à chaque instant ; de même le coupeur, sans les mesures de cambrure et d'omoplate, ne peut connaître les conformations de son client ; il ne trace qu'à peu près, en tâtonnant. En dehors du positif et du certain, il n'a que son coup-d'œil pour guide ; mais ce coup-d'œil le conduit souvent dans le faux et lui fait quelquefois endommager les vêtements, ou à avoir recours aux essais et aux poignards, ce qui entraîne des dérangements et des faux frais ruineux : c'est là le secret de la perte de beaucoup de tailleurs.

2. Pour tracer le dos pour un bossu, agissez comme pour un homme ordinaire (voyez figure N° 2, planche première) ; vous faites ce tracé à deux ou trois centimètres du bord de l'étoffe ou du papier. Ces trois centimètres en dehors de la ligne A servent à vous donner le rond au milieu du dos pour emboîter la bosse, quand vous aurez à placer la largeur d'omoplate ou de la bosse, après avoir indiqué le devant comme pour un homme ordinaire. Coupez le dos, l'encolure, l'épaulette et les côtés ; pliez le papier qui est en dehors de la ligne A ; faites ce pli en suivant juste la ligne A du haut en bas, jusqu'à la taille ; ce qui vous donnera un dos naturel. Quand vous placerez le dos contre la couture de côté du devant, pour appliquer les largeurs d'omoplate, vous déplierez ce papier qui est en dehors de la ligne A du dos, et vous ferez une marque N° 1, là où porte cette largeur d'omoplate, ainsi que nous l'avons indiqué par des points allongés. Mais vous ne laisserez pas tout ce rond à la couture du milieu du dos, si la bosse se trouvait comme nous l'avons dessinée ; vous ne laisserez que la moitié de ce rond au milieu du dos, et l'autre moitié à la couture de côté, marque N° 15, comme nous l'avons aussi indiqué par des points ; mais cette rondeur au milieu du dos en plus que le tracé naturel, produit la carrure trop large de la même distance de ce rond à la ligne A du dos. Pour y obvier, vous remettrez la largeur de carrure en partant de la marque 21, et diminuerez la largeur de carrure, ainsi qu'il est indiqué par la ligne de points ; ce qui vous rendra la couture de côté du dos plus droite. Nécessairement, la couture de côté du dos étant plus droite, et la couture de côté du devant ayant plus de rond, il est évident que, quand on montera ces deux parties ensemble, il se formera une poche ; mais, en pressant la couture de côté, on fera rentrer ou aplatir cette place. Cette poche se trouvera repoussée du côté de la bosse ; on fera de même du rond du milieu du dos, que l'on repoussera aussi du côté de la bosse : on laissera un bon centimètre de rond à la couture d'épaulette, ainsi que nous l'avons indiqué par des points.

Lorsque cette couture sera faite, elle formera à son tour une poche qui sera repoussée également vers la bosse en pressant cette couture. De manière que toutes ces rondeurs étant dirigées vers un même point, formeront un vide nécessaire pour emboîter la bosse.

C'est au coupeur à expliquer à l'ouvrier la manière de conduire ce travail ; il est facile de comprendre que la bosse étant placée à cet endroit, il n'y a pas d'autres moyens à employer, ces moyens sont du reste bien simples. En suivant les mesures portées sur un tracé cela se fait naturellement et sans tâtonner. Nous n'avons pas à nous occuper si le tracé a de la grâce ou du chic, il suffit que les vêtements soient convenables et gracieux, sans ces moyens il faudrait faire un trou au milieu de la carrure et rapporter des pièces pour former le creux destiné à loger la bosse, ce qui serait de mauvais goût ; et par contre si l'on ne formait pas de creux pour loger la bosse, l'habit, étant sur le client, paraîtrait accroché à un porte-manteau.

3. Il arrive souvent que les personnes difformes ont un côté plus long que l'autre, c'est-à-dire une hanche plus haute : dans ce cas, on prendra la mesure de hauteur de hanche des deux côtés et l'on creusera plus, d'après la mesure, un côté que l'autre, ainsi que nous l'avons indiqué par des points à la couture des hanches ; on laissera à ce côté de la jupe le même rond pour remplacer ce que l'on aura creusé de plus à l'autre. (*Voyez* figure N° 3, planche deuxième.)

PLANCHE PREMIÈRE. — FIGURE N° 5.

TRACÉ DE LA MANCHE

1. Tirez une ligne droite au bord de l'étoffe de la longueur de la manche ; nous nommons cette ligne A.

2. Faites une marque N° 1 en haut, pour former le haut de la manche ; mettez la moitié de la grosseur du haut à cette marque N° 1, en descendant sur la ligne A ; faites une marque N° 2, là où porte cette moitié de la grosseur du haut.

3. Mettez le centimètre sur la marque N° 2, et de la craie avec le centimètre sur la marque N° 1 ; tracez un demi-cercle à partir de la marque N° 1, en laissant tourner comme un compas le centimètre sous le doigt à la marque N° 2.

4. Partagez par moitié la distance existante entre la marque N° 1 et celle N° 2 ; faites une marque au milieu sur la ligne A, cette marque formera la ligne B ; tirez cette ligne B en travers et d'équerre avec la ligne A, vous obtiendrez la largeur du haut de la manche.

5. Mettez le seizième de la grosseur du haut à partir de la ligne B, en montant sur la ligne A ; faites une marque N° 3.

6. Mettez la moitié de la grosseur du haut sur la marque N° 3, en montant sur la ligne A ; diminuez la largeur de la carrure de cette demi-grosseur du haut ; faites une marque N° 4, là où porte cette demi-grosseur du haut moins la carrure ; c'est-à-dire que l'on doit avoir la moitié de la grosseur du haut, depuis la marque N° 3 jusqu'à la couture du milieu du dos, avec la carrure. (*Voyez* le modèle.) Nous avons indiqué cette distance par une ligne de points longs.

7. Dessinez le talon de la manche en commençant par la marque N° 4, en arrondissant à peu près jusqu'au tiers du demi-cercle que vous avez tracé et en abattant la pointe de la marque N° 1.

8. Mettez la longueur de la manche, moins la largeur de la carrure, à la marque N° 4, en suivant la ligne A ; faites une marque N° 6, là où porte le coude, continuez en suivant la ligne A ; faites une marque N° 7, là où porte la longueur totale de la manche au poignet.

9. Tirez un demi-cercle en travers, en mettant le centimètre à la marque N° 4, et de la craie avec le centimètre à la marque N° 6 du coude ; faites de même en mettant le centimètre au coude, et de la craie avec le centimètre sur la marque N° 7 à la longueur de la manche au poignet ; tirez aussi le demi-cercle qui est au bas.

10. Mettez le quart de la grosseur du haut à la ligne A, marque N° 7, en suivant le demi-cercle ; faites une marque N° 8, là où porte ce quart ; cette marque N° 8 forme la courbe de la manche ; mettez l'équerre à la ligne A, au coude et sur la marque N° 8 ; l'autre branche de l'équerre indique le bas de la manche ; tracez en suivant l'équerre au bas et en suivant l'équerre jusqu'au coude, ce qui vous donne juste la courbe à partir du coude jusqu'au poignet.

11. Mettez la marque de la grosseur du haut à la marque N° 8 en suivant le bas de la manche ; faites une marque N° 9, là où porte ce quart, cette marque N° 9 forme juste la largeur du bas de la manche.

12. Mettez le quart et un seizième de la grosseur du haut, à la ligne de courbe, à trois centimètres plus bas que la marque N° 6 du coude ; faites une marque là où portent ce quart et ce seizième ; ajoutez en plus de ces quart et seizième, un centimètre ; faites une autre marque N° 10 ; mettez le quart et un huitième de la grosseur du haut à la ligne A, marque N° 2, en suivant droit en travers ; faites une marque N° 11, là où portent ce quart et ce huitième. Nous avons indiqué la place de ces trois marques par des lignes de petits points. Dessinez la saignée de la manche, en commençant où la ligne B se joint avec le demi-cercle du haut, marque N° 5, en creusant et rejoignant la marque N° 11, et en suivant jusqu'à la marque N° 10 ; puis de ce point, en arrivant droit à la marque N° 9 au poignet ; voilà le tracé pour une manche ajustée, d'après les mesures sans prendre les grosseurs sur le client ; seulement on ajoutera un centimètre en commençant insensiblement au coude et en finissant de même au poignet, ce centimètre fournit au gras du bras entre le coude et le poignet ; on donnera un peu plus de rond au talon de la manche, suivant le goût ou la mode. Ce tracé produit une manche ajustée sans qu'il soit nécessaire de prendre la mesure de la grosseur du bras. Si on veut faire des manches très-larges, on ajoutera un centimètre à la saignée, et toute la largeur en plus du côté de la ligne A. (*Voyez* le modèle, planche première, figure N° 5.)

PLANCHE TROISIÈME. — FIGURES N°s 1 ET 2.

TRACÉ DES JUPPES DE REDINGOTES ET LEUR APLOMB AVEC LE CORSAGE

JUPPES DE REDINGOTE

Tracé des jupes de redingotes pour toutes les tailles et grosseurs.

1. Tirez une ligne A à la règle, au bord de l'étoffe, de la longueur de la jupe.

2. Tirez une autre ligne en travers et d'équerre avec la ligne A, au haut et au bord de l'étoffe : c'est la ligne B.

3. Mettez la quart de la grosseur du haut à la ligne B, en descendant sur la ligne A ; faites une marque N° 1, là où porte ce quart : cette marque N° 1 doit former la ligne C ; tirez cette ligne C d'équerre avec la ligne A. (*Voyez* figures N° 1 et N° 2.)

4. Placez la pointe du petit côté de devant, ou la taille, sur la ligne B, marque N° 2, et le bas de la couture de l'anglaise sur les lignes A et C, marque N° 1, en laissant de largeur 4 à 5 centimètres de plus que la ligne A : ces 4 à 5 centimètres fournissent à la largeur des anglaises. A l'aide d'un poids assez lourd on maintient le devant dans cette position, et l'on fait une marque N° 2, là où porte la pointe du petit côté de la taille du devant, sur la ligne B. Le devant étant ainsi placé, mettez le centimètre sur la pointe de l'épaulette, à l'encolure, et avec de la craie et le centimètre fixé à la pointe du petit côté, marque N° 2, il faudra tracer le haut de la jupe d'un seul trait, ainsi qu'on le ferait avec un compas, en laissant tourner le centimètre sous le doigt à la pointe de l'épaulette, partant de la marque N° 2 jusqu'à la ligne A par-devant. Mesurez s'il y a lieu un huitième de la grosseur du haut entre la ligne courbe que vous venez de tracer formant le haut de la jupe, et le bas du devant au plus creux, vis-à-vis des hanches. S'il y avait plus d'un huitième entre le haut de la jupe et le bas du devant, on creuserait un peu moins le haut de la jupe, et s'il y avait moins du huitième, il faudrait creuser un peu plus la jupe. En voici la raison : il faut exactement le huitième, qui est un point fixe entre la jupe et le devant au plus creux du suçon, pour que la jupe ait un bon aplomb, et comme il n'y a pas de point fixe pour creuser le bas du devant, que chaque tailleur creuse cette partie à son goût, en suivant la mode. Cette distance entre la jupe et le bas du devant variant, ferait ouvrir la jupe derrière et devant, et toute son ampleur se porterait sur les côtés. Le contraire aurait lieu s'il y avait moins du huitième dans cette partie.

Cela fait, vous baisserez le devant de la jupe de deux centimètres, à partir de la ligne A, en diminuant insensiblement jusqu'à la ligne C, marque O. Sans cette précaution, la jupe ferait un mauvais effet par-devant.

5. Tirez la ligne D en plaçant l'équerre contre la ligne C, marque N° 3, et sur la marque N° 2, à la pointe du petit côté, à la taille.

6. Mettez le quart de la grosseur du haut à la ligne D, en suivant la ligne C, sur le derrière; faites une marque N° 4, là où porte ce quart : cette marque N° 4 sera la ligne du pli de la jupe; tirez ensuite cette ligne du pli, et laissez deux centimètres au plus pour le pli des poches; mettez alors la jupe à la longueur, et tracez le bas de la même longueur partout, en vous guidant d'après le haut de la jupe.

7. Pour faire une jupe plus ample, vous mettrez le tiers de la grosseur du haut à la marque N° 3, et vous ferez la marque N° 4 à ce tiers; vous mettrez toujours la pointe du petit côté à la même marque N° 2, par-devant, le tiers à la ligne B, en descendant sur la ligne A. Faites la marque N° 1 à ce tiers, et mettez le bas de la couture de l'anglaise sur cette marque N° 1; vous tracerez ensuite cette jupe comme la précédente, et creuserez le haut d'un bon centimètre en plus que la première. (*Voyez* planche troisième, figure N° 2.)

BASQUES D'HABIT

1. Pour tracer une basque d'habit, tirez une ligne à la règle à deux ou trois centimètres du bord de l'étoffe : c'est la ligne A. Cette ligne A fait l'aplomb et indique le pli de la basque, et les deux ou trois centimètres en dehors de la ligne A servent aux plis du derrière.

2. Tirez une autre ligne en travers et d'équerre avec la ligne A, au haut et au bord de l'étoffe : cette deuxième ligne est la ligne B.

3. Mettez le huitième de la grosseur du haut à la ligne B, en descendant sur la ligne A; faites une marque N° 1, là où porte ce huitième; placez la pointe du petit côté de la taille du devant sur la marque N° 1, ligne A, et le bas du devant, c'est-à-dire le bas de la couture de l'anglaise, sur la ligne B; faites une marque N° 2; ajoutez en dehors de cette marque trois centimètres en plus de la largeur du bas du devant qui serviront aux suçons de la basque et au tendage des côtés des devants, afin de pouvoir donner de l'ampleur à l'emboîtage des hanches.

4. Pliez le bas du devant par moitié, et faites une marque N° 3 au milieu ; placez la pointe du petit côté à la marque N° 1, ligne A, et la marque N° 3, au milieu du bas du devant, sur la ligne B. Assujettissez le devant de manière qu'il ne puisse se déranger dans cette position; placez une règle sur la pointe de l'épaulette à l'emmanchure, et sur la pointe du petit côté à la taille marque N° 1, ligne A. Tracez le pli de la basque depuis la marque N° 1 jusqu'au bas ; vous mettrez un demi-seizième entre le haut de la basque et le bas du devant, et vous laisserez monter ou croiser d'un centimètre le bas sur le devant, à la marque N° 2. Cette croisure fournit un peu de jeu à la basque sur le côté et enlève l'effet disgracieux produit par le trop grand aplatissement de cette partie. Voilà le véritable aplomb des basques d'habit, soit de ville soit d'uniforme; l'aplomb, dans ces deux cas, est toujours le même ; vous n'aurez plus qu'à dessiner les côtés à votre goût, ou suivant la mode, et vous laisserez un centimètre de rond en dehors de la ligne A, pour aider à emboîter le derrière. (*Voyez* le modèle pl. 3°, fig. 3 et 4.)

PLANCHE DEUXIÈME. — FIGURE N° 4.

UNIFORME

Pour tracer un devant d'uniforme, le tracé et les mesures sont les mêmes que pour l'habit bourgeois, à cela près qu'il faut relever ou redresser l'épaulette d'un seizième de la grosseur du haut. Le bas de l'encolure par devant doit être remonté ou élevé aussi d'un seizième, et la carrure du dos doit être d'un centimètre et demi plus large que pour l'habit bourgeois.

1. Lorsque le devant est tracé comme nous l'avons expliqué planche première, figures deuxième et

troisième, vous mettez le seizième de la grosseur du haut à la marque N° 5, lignes G et B, en suivant la ligne B du côté de la ligne A ; faites une marque N° 21, là où porte ce seizième : c'est maintenant cette marque qui doit former la pointe de l'épaulette à l'encolure.

2. Mettez le huitième de la grosseur du haut à la ligne B, en descendant sur la ligne C ; faites une marque N° 17, là où porte ce huitième ; cette marque N° 17 indique le bas de l'encolure au bout du collet par devant ; dessinez l'encolure en partant de la marque N° 21, en creusant légèrement, et en rejoignant la marque N° 17, sur la ligne C ; nous observons que le plus creux de l'encolure doit être au milieu ; car, si l'encolure était trop droite au milieu, le collet toucherait trop sur le côté du cou, et, si l'encolure était trop creusée dans cette partie, le collet ouvrirait au même endroit. On baissera d'un petit demi-centimètre le devant de l'encolure un peu plus bas que la marque N° 17, comme nous avons indiqué par des petits points ; on creusera d'un bon centimètre le devant de l'emmanchure entre les lignes D et E, ce creux produit de la largeur pour les garnitures du corsage. Sans cette précaution, les garnitures grossissant le corps, l'emmanchure gênerait dans cette partie. On portera aussi deux bons centimètres en dehors de la ligne A pour la largeur de la poitrine ; ces deux centimètres en plus servent à placer les garnitures. On comprendra facilement que plus on met de garnitures, plus on grossit le corps : c'est au coupeur à raisonner l'épaisseur des garnitures qu'il veut employer dans un uniforme, afin de laisser de la largeur aux devants, au-delà de la grosseur naturelle du corps. Sans cette précaution, il couperait l'uniforme trop étroit ; on laissera aussi, et également pour les garnitures, un bon centimètre au haut de la couture de l'épaulette ; on comprendra que l'épaisseur des garnitures emporte de la largeur et de la longueur, et que, si on ne laissait pas l'épaulette plus longue d'un centimètre, l'épaisseur des garnitures raccourcirait les devants, l'emmanchure sous le bras monterait trop haut et formerait des plis en travers sous le bras, en gênant l'exercice de cette partie. Enfin, pour les longueurs de cambrure, on les placera comme nous l'avons expliqué figure N° 4, seulement on partira de la marque 21, à la pointe de l'épaulette à l'encolure, et le reste du tracé se fera comme dans les figures deuxième, troisième et quatrième. (*Voyez* planches première et deuxième, figure N° 4.)

PLANCHE QUATRIÈME. — FIGURES N°ˢ 3, 4 ET 5.

TRACÉ DE L'AMAZONE

1. Le tracé du devant de l'amazone est absolument le même que celui du devant de l'uniforme, à cela près que vous mettez la longueur de cambrure du devant à la première ligne G sur la ligne B, marque N° 5 ; au lieu que la cambrure du devant de l'uniforme se place au seizième, deuxième ligne G, et qu'on ne laissa ni largeur ni longueur d'épaulette en plus, l'amazone ne se garnissant pas. L'épaulette sera relevée ou redressée d'un seizième, et le huitième mis à la ligne B. En descendant sur la ligne C, on fait une marque à ce huitième qui forme le bas de l'encolure par devant. Le reste du tracé se fera exactement comme le tracé naturel, planche première, figures N 3 et 4.

2. Lorsque vous avez dessiné les côtés d'après les mesures de cambrure, vous mettez le bas du devant à la largeur de ceinture ; et vous faites une marque N° 20, là où porte cette largeur, par devant ; c'est à partir de cette marque que vous devez dessiner le devant, en arrondissant légèrement pour rejoindre la ligne A entre celles D et E. De ce point, rejoignez en arrondissant la marque N° 17 qui forme le bas de l'encolure, à un centimètre et demi de la ligne C, marque N° 18.

3. Il reste maintenant à tracer le suçon de la poitrine ; indiquez la différence qu'il y a entre la largeur de ceinture et la grosseur du haut sur le buste. Supposons que ce dernier porte 48, et que la grosseur de ceinture soit de 35 centimètres ; la différence sera de 13 centimètres.

4. Vous avez fait une marque N° 20 et vous avez dessiné le bas du devant à la largeur de la ceinture ; sur cette marque N° 20 faites-en une autre N° 21, à trois centimètres, sur la ligne F ; ajoutez

encore une autre marque N° 22 à trois centimètres de l'emmanchure, et plus bas que la ligne D. La marque 22 formera le haut du suçon pour le buste. Nous avons dit qu'il y avait 13 centimètres de différence entre la ceinture et la grosseur du haut sur les seins; mettez 13 centimètres à la marque 21, en suivant la ligne F; faites une marque N° 23, là où portent ces 13 centimètres, elle vous indiquera au juste la largeur du suçon.

5. Partagez la distance entre les marques 21 et 23; faites une marque N° 24 au milieu; placez une règle sur cette dernière et sur la marque 22; tirez cette ligne qui partage le suçon par moitié; dessinez le suçon en partant de la marque 21, et en arrondissant rejoignez la marque 22; faites de même en partant de la marque 23 et rejoignez la marque 22. Par ce moyen bien simple vous trouverez de suite et juste la largeur du suçon pour emboîter le sein, quel que soit son développement. Ce suçon s'élargira ou se rétrécira suivant le besoin.

6. La pointe du devant varie suivant le goût ou la mode. Pour en trouver la longueur, on devra prendre la mesure; dessinez le bas du devant en formant une pointe gracieuse. Pour creuser le devant, rappelez-vous toujours que la ligne F forme le creux des hanches. Coupez le devant sur votre tracé, ainsi que le suçon.

Voilà donc le devant coupé juste à la largeur de la ceinture, et nous avons enlevé un suçon de 13 centimètres au bas du devant; il est certain que ce devant serait trop étroit de 13 centimètres à la ceinture; nous avons tracé tout l'ensemble du devant d'après la grosseur du haut que nous avons supposée de 44 centimètres; et la grosseur du haut sur le sein que nous avons supposée de 48 centimètres, ce qui produit une différence de quatre centimètres, et cependant nous n'avons pas laissé de largeur en plus pour ces quatre centimètres. Il est évident que si on coupait le corsage de l'amazone d'après le modèle, ce corsage serait trop étroit de 26 centimètres à la ceinture, et de 8 centimètres sur le buste. D'un autre côté, tout l'ensemble de ce vêtement ne s'accorderait en aucune manière avec la conformation de la personne à laquelle on aurait pris les mesures. Un tailleur qui a étudié un peu sérieusement son art, comprendra de suite que ce suçon que nous avons enlevé au bas du devant dérange tout l'ensemble de notre tracé; aussi c'est ici que les trois quarts des tailleurs sont embarrassés; et quand on leur commande une amazone ou une robe de dame, s'ils n'avaient pas de patron qui leur servît de guide ou à peu près, ils n'oseraient l'entreprendre.

Cependant nous voyons tous les jours d'admirables corsages de robes faits par de petites couturières ou de jeunes filles. Ces petites ouvrières essaient très peu ou pas du tout. Sont-elles donc plus artistes que les tailleurs? C'est qu'elles apprennent leur métier, voilà tout.

Nous avons dit et répété, et nous le répétons encore, que l'art du tailleur a rétrogradé d'un siècle depuis trente ans; toutes les autres industries, au contraire, ont fait de grands progrès. Ce qui vient à l'appui de cette vérité : il y a trente ans, un tailleur aurait été honteux d'essayer un vêtement avant qu'il soit fini; et quoi qu'ils ne fussent pas essayés, les vêtements étaient bien moins chargés de poignards. On objectera peut-être que la mode et ses sectateurs étaient moins difficiles qu'aujourd'hui; cette assertion n'est pas exacte. De tout temps il y a eu des élégants aussi exigeants; si la mode en usage il y a trente ans revenait, les tailleurs seraient aussi embarrassés et ne pourraient pas plus habiller sans essayer et poignarder, qu'ils ne le peuvent en ce moment.

Revenons à notre devant d'amazone. Nous disons donc que ce qui embarrasse le tailleur pour un corsage de dame, c'est le suçon pour emboîter le sein qui a plus ou moins de développement; et que si on coupait les devants exactement comme le patron que l'on vient de tailler, le corsage ne pourrait pas servir.

6. Placez le bord de la poitrine de ce patron sur le bord d'une feuille de papier, partout plus grande que votre patron, excepté sur le devant placé exactement au bord; votre patron étant posé de cette manière, tracez et coupez le suçon seulement sur le modèle du patron; cela fait, pliez la feuille de papier dans sa longueur en mettant les deux bords du suçon l'un sur l'autre, et cousez les deux bords ensemble afin que le suçon ne s'écarte pas; aplatissez ensuite la feuille de papier : il se formera un pli et

une pointe sur la poitrine ; aplatissez cette pointe du côté de l'emmanchure, en finissant à rien au haut de l'épaulette ; après cette opération, le patron sera replacé sur cette feuille de papier comme il l'était primitivement : le suçon du patron sur le suçon du papier ; tracez alors et exactement autour du patron le bas du devant en partant par la pointe du bas par devant, en creusant jusqu'à la pointe du petit-côté à la taille. Ce moyen bien simple évite les tâtonnements ; on coupe plus vite ; on économise de l'étoffe ; on est assuré que le corsage sera très-convenable étant fini, et qu'il est inutile de l'essayer.

Maintenant, dépliez le deuxième patron et débâtissez le suçon ; replacez le premier patron sur le deuxième, et vous comprendrez seulement que notre principe est exact : les treize centimètres du suçon, en moins sur le premier patron, seront rapportés par devant ; les quatre centimètres des seins seront en plus à la poitrine. Tous ceux qui se disent professeurs de coupe se contentent de reporter la largeur du suçon au bas par devant ; ils font alors preuve d'une ignorance qui leur est non-seulement préjudiciable, mais encore leurs élèves ; on peut se convaincre de cette vérité, en plaçant le premier patron sur le deuxième, on s'apercevra que ces deux patrons n'ont aucun rapport dans leur ensemble, et nous défions qu'il soit possible de couper juste un corsage de dame par d'autres moyens que ceux que nous venons d'expliquer. (*Voyez* planche quatrième, figures 3, 4 et 5).

PLANCHE TROISIÈME. — FIGURE N° 5.

TRACÉ DES MANTEAUX DE TOUTES GRANDEURS

MANTEAU ROND, MANTEAU TROIS QUARTS, MANTEAU DEUX TIERS

PLANCHE TROISIÈME. — FIGURE N° 6.

MANTEAU DEMI-ROND OU TALMA DE DAME

Pour tracer un manteau-talma de dame ou manteau demi-rond :

1. Tirez une ligne à la règle au bord de l'étoffe pour la mettre droite ;
Cette ligne, nous la nommons ligne A.

2. Tirez une autre ligne au haut de l'étoffe, d'équerre avec la ligne A ;
Cette ligne sera la ligne B.

3. Mettez la moitié de la grosseur du haut à la ligne B, en descendant sur la ligne A ; faites une marque N° 1, là où porte cette demi-grosseur du haut.

4. Mettez le centimètre à l'angle ou pointe des lignes A et B ; et de la craie, avec le centimètre, sur la marque N° 1, tracez un demi-cercle depuis la marque N° 1 jusqu'à la ligne B, marque N° 2 ; ce demi-cercle se fait d'un seul trait en laissant tourner le centimètre sous le doigt comme l'on fait d'un compas.

5. Mettez le quart de la grosseur du haut à la ligne A, marque N° 1, en suivant le demi-cercle que vous venez de tracer ; faites une marque N° 3.

6. Mettez encore le quart de la grosseur du haut à la ligne B, marque N° 2 ; en suivant le demi-cercle, faites une marque N° 4, là où porte ce quart ; ces deux marques 3 et 4 vous indiquent les deux pointes du suçon à l'encolure.

7. Partagez la distance entre les marques N° 1 et N° 2 ; faites une marque N° 5 au milieu. Nous avons indiqué cette distance par une ligne de petits points. Placez une règle sur l'angle des lignes A et B, et sur la marque N° 5 ; tirez cette ligne qui indiquera le milieu du talma, depuis la pointe jusqu'au bas.

8. Mettez quinze centimètres supposés être la largeur de l'épaule, en partant du demi-cercle, en des-

cendant sur la ligne du milieu du talma ; faites une marque N° 6, là où portent ces quinze centimètres, dessinez, en partant de la marque N° 3, en arrondissant, pour rejoindre la marque N° 6, et dessinez de même en partant de la marque N° 4 ; ce sera le suçon du milieu de l'épaule.

9. Mettez le dixième de la grosseur du haut, soit cinquante centimètres, dont le dixième est de cinq ; ces cinq centimètres seront placés à la marque N° 1, en descendant sur la ligne A ; faites une marque N° 7, là où portent ces cinq centimètres; cette marque N° 7 est la hauteur de l'encolure par devant ; dessinez l'encolure en partant de la marque N° 7, en creusant, pour rejoindre la marque N° 3 à la pointe du suçon ; placez le quart de la grosseur du haut à la marque N° 3, en suivant l'encolure comme nous l'avons indiqué par des petits points, et faites une marque N° 8, là où porte ce quart; cette marque N° 8 indique la longueur de l'encolure par devant ; dessinez le rond de la poitrine, en partant de la marque N° 8, pour rejoindre la ligne A, à huit ou neuf centimètres plus bas.

10. Si c'est un talma de dame, mettez la moitié de la différence qui existe entre la grosseur du haut et la grosseur du haut sur le sein; supposons 6 centimètres ; mettez 3 centimètres en dehors de la ligne A à la hauteur du sein; faites une marque N° 9 ; dessinez le devant de la poitrine, en partant de la marque N° 8, en arrondissant pour rejoindre la marque N° 9, et, de ce point, en al'ant droit à la règle jusqu'en bas, comme nous avons indiqué par des points.

11. Pour tracer le bas, placez un bout du centimètre à la pointe des lignes A et B, et de l'autre bout joint à de la craie placé au bas du talma sur la ligne A, indiquez un seul trait, en partant de la ligne A jusqu'à la ligne B.

12. Nous observons que ce talma, comme tous les genres de manteaux, doit être plus court par devant de 5 centimètres, et de 5 centimètres plus long sur les côtés ; c'est-à-dire que tous les manteaux doivent avoir trois longueurs. Comme nous l'avons indiqué par des lignes, on diminuera de 2 centimètres à l'encolure du milieu du dos, à la marque N° 2 ; on creusera l'encolure d'un centimètre et demi depuis la marque N° 2 jusqu'à la marque N° 4 ; et on tendra l'encolure de 2 centimètres dans cette partie, cette tension, ou ce tendage, jette un peu d'ampleur très-également (*Voyez* planche troisième, figure N° 6.)

PLANCHE TROISIÈME. — FIGURE N° 5.

MANTEAU ROND

1. Chacun sait que les manteaux se coupent à drap ouvert. Tirez une ligne à la règle au bord de la lisière, pour mettre le drap droit. Nous la nommerons ligne A.

2. Mettez la longueur du manteau au bord du drap, en montant sur la ligne A ; faites une marque N° 1, là où porte cette longueur.

3. Mettez le quart de la moitié de la longueur totale du collet. Supposons 54 centimètres de longueur totale ; la moitié est de 27 ; qui, divisée également par moitié, donne 13 centimètres 1|2, et subdivisée à son tour, produit 6 centimètres 3|4 ; mettez 6 3|4 à la marque N° 1, en suivant la ligne A ; faites une marque N° 2, là où porte cette mesure ; mettez le centimètre sur cette marque, et, à l'aide de la craie fixée au centimètre sur la marque N° 1, tracez l'encolure d'un seul trait en rejoignant la ligne A au bord du drap ; ce tracé se fait avec le centimètre comme si l'on se servait d'un compas. Faites une marque N° 3 où finit ce demi-cercle sur la ligne A. Cette encolure est convenable pour un manteau rond. Nous observons que cette encolure doit être tendue de 4 centimètres dans toute sa longueur. Sans cette tension ou ce tendage, les draperies du manteau retomberaient en gros plis, et le manteau ne serait pas gracieux.

4. Faites une marque N° 4 au milieu de l'encolure sur la ligne B. Cette marque est utile pour tracer le bas du manteau ; placez le centimètre à la marque N° 4, et sur la marque de la longueur au bas, sur la ligne A, avec de la craie et le centimètre, tracez le bas du manteau d'un seul trait et pivotant et

en laissant tourner le centimètre sous le doigt à la marque N° 4. Par ce moyen vous obtenez deux longueurs, qui sont de 5 centimètres plus longues sur les côtés, que sur le devant et le derrière ; on raccourcira le bas par devant de 4 centimètres, comme nous avons indiqué par des points. (*Voyez* planche troisième, figure N° 5.)

PLANCHE TROISIÈME. — FIGURE N° 5.

MANTEAU TROIS QUARTS DU MANTEAU ROND

1. Pour tracer le manteau trois-quarts, on doit faire le tracé du manteau rond, et faire une marque N° 5 au bas de la ligne B.

2. Partagez par moitié la distance entre le bas, ligne A, et la marque N° 5, ligne B ; faites une marque N° 6 au milieu, nous avons indiqué cette distance par une ligne de points.

3° Partagez par moitié la distance depuis la marque N° 2 à la marque N° 3, ligne A, à l'encolure ; faites une marque N° 7 ; placez une règle sur les marques N° 7 et N° 6 ; tirez cette ligne des trois quarts qui forme le devant du manteau du haut en bas.

4. Placez le centimètre sur la marque N° 7, à l'encolure ligne A, et de la craie avec le centimètre sur la marque N° 1 ; tracez l'encolure d'un seul trait, en partant de cette marque jusqu'à la ligne des trois-quarts par devant, et faites une marque N° 8, qui forme le bas de l'encolure par devant.

5. Mettez la longueur par devant, et dessinez le bas en laissant toujours le côté de 5 centimètres plus long que le derrière. (*Voyez* planche troisième, figure N° 5.)

PLANCHE TROISIÈME. — FIGURE N° 5.

MANTEAU DEUX TIERS DU MANTEAU ROND

Le tracé du manteau deux-tiers est le même que celui qui précède, à cela près qu'il faut, pour tracer l'encolure, placer le centimètre sur la marque N° 3, de la craie avec le centimètre sur la marque N° 1, et indiquer l'encolure d'un seul trait jusqu'à la ligne des deux-tiers par devant, marque N° 10. Partagez par moitié la distance entre la ligne des trois-quarts, et la marque N° 5 au bas, et faites une marque N° 9 au milieu. Tirez la ligne du devant depuis la marque N° 3, ligne A, jusque sur la marque N° 9, au bas. Nous observons qu'il est nécessaire de faire un suçon à l'encolure vis-à-vis du milieu de l'épaule, pour celui des trois-quarts, d'un centimètre et demi, et pour celui des deux-tiers, de 2 à 3 centimètres. Sans cette précaution, les manteaux brideraient sur les épaules, et le collet ne toucherait pas le cou. (*Voyez* planche troisième, figure N° 5.)

PLANCHE QUATRIÈME. — FIGURE N° 1.

COURS THÉORIQUE DU TRACÉ DU GILET

TRACÉ DU DOS

1. Tirez une ligne à la règle au bord de l'étoffe ; cette première ligne, nous la nommons ligne A.

2. Tirez une autre ligne en travers et d'équerre avec la ligne A, c'est la ligne B. Cette ligne B forme le haut du dos n'y a l'encolure.

3. Mettez la moitié de la grosseur du haut à la ligne B en descendant sur la ligne A ; faites une marque là où porte cette demi-grosseur du haut ; cette marque doit former la ligne C. Tirez cette ligne C d'équerre avec la ligne A.

3. Mettez le quart de la grosseur du haut à la ligne C, en montant sur la ligne A ; faites une marque qui doit former la ligne D. Tirez cette ligne D d'équerre avec la ligne A.

5. Mettez le seizième de la grosseur du haut à la ligne D, en montant sur la ligne A ; faites une marque là où porte ce seizième ; cette marque doit former la ligne E, qui indique le haut de la carrure du dos, à la couture d'épaulette. Tirez cette ligne E.

6. Mettez le huitième dans la grosseur du haut à la ligne A, en suivant la ligne B ; faites une marque N° 1, là où porte ce huitième. Cette marque N° 1 doit former la largeur de l'encolure du dos.

7. Mettez la hauteur des hanches à la ligne C, en descendant sur la ligne A ; faites une marque qui doit former la ligne F. Tirez cette ligne F d'équerre avec la ligne A. La ligne F forme juste le creux des hanches.

8. Mettez le quart de la grosseur du haut à la ligne A, en suivant la ligne E ; faites une marque N° 2, là où porte ce quart ; ajoutez à cette marque N° 2 un seizième et un centimètre, toujours en suivant la ligne E ; faites une autre marque qui doit former le haut de la ligne G, formant aussi la largeur de la carrure. Nous disons que le quart, le seizième de la grosseur du haut et un centimètre en plus font le tiers de la grosseur du haut. Le tiers pour une largeur de carrure de gilet sans manches est une largeur raisonnable.

9. Tirez la ligne G d'équerre avec la ligne E sur la marque de la largeur de carrure jusqu'à la ligne C.

10. Mettez la moitié de la grosseur du haut à la ligne A, en suivant la ligne C ; faites une marque N° 3, là où porte cette demi-grosseur du haut. Cette marque N° 3 forme la largeur du dos sous le bras.

11. Mettez la moitié de la grosseur de ceinture à la ligne A en suivant la ligne F. Faites une marque N° 4, là où porte cette moitié de largeur de ceinture ; placez une règle sur les marques N° 3 et N° 4, et tirez la ligne de la couture de côté sous le bras.

12. Dessinez la couture de l'épaulette en partant de la marque N° 1 à l'encolure, et en arrivant aux lignes E et G ; dessinez l'enmanchure, et partant du milieu de la ligne G , en creusant pour rejoindre à un centimètre plus bas que la ligne C, marque N° 3.

13. Ajoutez cinq centimètres plus bas que la ligne F au creux des hanches. Cette longueur varie suivant le goût ou la mode, si on veut que le bas du gilet descende plus ou moins bas. Nous observons que l'encolure du dos doit monter d'un demi-centimètre plus haut, à la marque N° 1, que la ligne B (*Voyez* le modèle planche quatrième, figure N° 1).

PLANCHE QUATRIÈME. — FIGURE N° 2.

TRACÉ DES DEVANTS DE GILETS

1. Tirez une ligne au bord de l'étoffe de la longueur du devant ; c'est la ligne A.

2. Tirez une autre ligne en travers au haut et au bord de l'étoffe, d'équerre avec la ligne A, c'est la ligne B qui forme le haut de l'épaulette.

3. Mettez la moitié de la grosseur du haut à la ligne B en descendant sur la ligne A ; faites une marque là où porte cette demi-grosseur du haut, cette marque doit former la ligne C. Tirez cette même ligne d'équerre avec la ligne A.

4. Mettez le huitième de la grosseur du haut à la ligne C, en montant sur la ligne A ; faites une marque à ce huitième ; cette marque doit former la ligne D ; tirez également cette ligne D d'équerre avec la ligne A.

5. Mettez la hauteur des hanches à la ligne C, en descendant sur la ligne A ; faites une marque là où porte cette hauteur des hanches. Cette marque doit former la ligne E, qui sera tirée d'équerre avec la ligne A.

6. Mettez le huitième de la grosseur du haut à la ligne A, en suivant la ligne B ; faites une marque qui doit former le haut de la ligne F : tirez cette ligne F parallèle à la ligne A, du haut en bas.

7. Mettez le quart de la grosseur du haut à la ligne F, en suivant la ligne B ; faites une marque N° 1, là où porte ce quart. Cette marque N° 1 forme le haut de l'épaulette.

8. Mettez le seizième de la grosseur du haut à la marque N° 1 en suivant la ligne B sur le devant ; faites une marque N° 2, là où porte ce seizième ; cette marque N° 2 forme le haut de la ligne G et la pointe de l'épaulette à l'encolure.

9. Mettez la moitié de la grosseur du haut à la ligne A en suivant la ligne C ; faites une marque N° 3, là où porte cette demi-grosseur du haut.

10. Mettez le huitième de la grosseur du haut à la marque N° 3, en suivant la ligne C sur le côté ; faites une marque N° 4, là où porte ce huitième. Cette marque N° 4 forme la pointe du côté à l'emmanchure sous le bras.

11. Mettez la moitié de la grosseur du haut au bas de la ligne F, marque N° 5, en suivant la ligne E ; faites une marque N° 6, là où porte cette demi-grosseur du haut ; diminuez 5 centimètres de cette marque N° 6, en rentrant sur la ligne E ; faites une marque N° 7 ; placez une règle sur les marques N° 4 et N° 7, aux hanches, et tirez une ligne H qui forme la couture de côté sous le bras.

12. Mettez le centimètre à la marque N° 5, au bas des lignes F et E avec de la craie et le centimètre sur la marque N° 2, lignes G et B, à la pointe de l'épaulette, et tracez comme avec un compas et d'un seul trait la couture de l'épaulette N° 2. Vous arrivez à la marque N° 8 formant la pointe de l'épaulette à l'emmanchure.

13. Placez la couture de l'épaulette du dos contre la couture de l'épaulette du devant ; l'encolure du dos, marque N° 1, sur l'encolure du devant, marque N° 2, et la pointe de la couture de l'épaulette du dos à la carrure, sur la marque N° 8 du devant. Le dos étant dans cette position, tracez la couture de l'épaulette du devant en suivant exactement la couture de l'épaulette du dos, et faites une marque N° 8 qui forme la pointe de l'épaulette du devant à l'emmanchure.

14. Pour faciliter le tracé de l'emmanchure, placez la moitié de la grosseur du haut à l'angle des lignes A et D, en allant droit sur l'emmanchure, à un huitième à peu près plus haut que la ligne D ; faites une marque N° 9, là où porte cette demi-grosseur du haut.

15. Dessinez l'emmanchure en partant de la marque N° 8, en creusant légèrement pour rejoindre la marque N° 9, en suivant et rentrant d'un bon centimètre en dedans de la ligne G, entre les lignes C et D, et rejoignez de ce point à un centimètre plus bas que la marque N° 4, lignes C et H.

16. Pour dessiner l'encolure, partagez par moitié la distance qui se trouve entre les lignes D et B ; faites une marque N° 10, au milieu, sur la ligne F ; cette marque N° 10 forme la hauteur de l'encolure pour les gilets boutonnant jusqu'à la cravate ; dessinez l'encolure en partant de la marque N° 2, en creusant légèrement, et rejoignez la marque N° 10 sur la ligne F. Faites une marque N° 11 au milieu entre les lignes A et F.

17. Tracez le devant en partant de la marque N° 11, en arrondissant légèrement, pour rejoindre la ligne A un peu plus bas que la ligne C, et de ce point suivez droit la ligne A, en rentrant d'un centimètre, en partant d'un peu plus haut que la ligne E, en dedans de la ligne A. Observons que la ligne E descend juste au creux des hanches. On laissera descendre le gilet plus bas que la ligne E, de la longueur exigée par le goût du client ou la mode.

18. Mettez la moitié de la largeur de ceinture à la marque N° 7, lignes H et E, au bas du côté, en suivant droit sur la ligne E ; faites une marque N° 12, là où porte cette demi-largeur de ceinture, en observant que si la demi-largeur de ceinture n'arrivait pas à la ligne A par devant, on diminuerait sur le côté jusqu'à ce que l'on ait obtenu ce résultat, ainsi que nous l'avons indiqué par la marque N° 12.

On se gardera bien de diminuer cette largeur par devant au bas du gilet, en dedans de la ligne A, car le gilet remonterait étant boutonné. On diminuera donc cette largeur sur le bas de la couture de côté, et on fera un petit suçon au bas de la poche jusqu'à ce que la demi-largeur de ceinture arrive à la ligne A, que ce soit peu ou beaucoup. On tire de là une preuve que le client est mince de ceinture et a la poitrine forte, qu'il faut des suçons au bas du gilet, afin que le devant forme un bombé pour emboîter la poitrine.

19. Mais si la demi-largeur de ceinture arrivait juste sur la ligne A, ou la dépassait par devant, il ne faudrait pas de suçon ni diminuer le côté. C'est une preuve que le client est gros de ceinture, a le creux des hanches droit ou un gros ventre. Dans ce cas, on laissera la couture de côté au tracé naturel, et on mettra un petit soufflet au bas de la couture de côté pour faire jeter la largeur du bas sur les hanches. Nous avons indiqué ces explications par des lignes de points sur notre tracé. (Voyez le modèle, planche quatrième, figure N° 2). Nous avons également indiqué par des lignes de points le tracé des gilets à châle droit et croisé; le tracé naturel, et enfin un gilet boutonnant droit jusqu'à la cravate.

PLANCHE QUATRIÈME. — FIGURES N°s 6 ET 7.

TRACÉ DU PALETOT SAC

TRACÉ DU DOS

1. Tirez une ligne au bord de l'étoffe de la longueur du paletot, que nous nommerons ligne O, parce qu'elle est nulle dans le tracé; elle indique simplement le pli de l'étoffe, puisque l'on ne fait pas de couture au milieu du dos d'un paletot-sac.

2. Tirez une autre ligne touchant la ligne O à l'encolure, et s'éloignant de 5 ou 6 centimètres au bas; cette deuxième ligne sera la ligne A.

3. Tirez une autre ligne B en travers et d'équerre avec la ligne A; cette ligne B forme le haut du dos à l'encolure.

4. Mettez le quart de la grosseur du haut à la ligne B, en descendant sur la ligne A; faites une marque là où porte ce quart; cette marque doit former la ligne C que vous tirerez d'équerre avec la ligne A.

5. Mettez le seizième de la grosseur du haut à la ligne C, en descendant sur la ligne A; faites une marque qui doit former la ligne D, tirez cette ligne D d'équerre avec la ligne A.

6. Mettez encore le huitième de la grosseur du haut toujours en descendant sur la ligne A, et faites une marque là où porte ce huitième; cette marque doit former la ligne E, que l'on tirera d'équerre avec la ligne A.

7. Mettez le huitième de la grosseur du haut à la ligne A en suivant la ligne B; faites une marque N° 2, là où porte ce huitième; cette marque N° 2 forme la largeur de l'encolure du dos.

8. Mettez ce quart de la grosseur du haut à la ligne A en suivant la ligne C; faites une marque N° 3, là où porte le quart; ajoutez à cette marque N° 3 un huitième et 1 centimètre, à partir de la marque N° 3, en suivant la ligne C; et faites une marque N° 4 qui sera la largeur de carrure. Tirez cette ligne de carrure d'équerre avec la ligne C.

9. Mettez la moitié de la grosseur du haut à la ligne A, en suivant la ligne E; faites une marque N° 5, là où porte cette demi-grosseur du haut; cette marque forme la largeur du haut du dos sous le bras.

10. Mettez la moitié de la grosseur du haut au bas de la ligne A en suivant la ligne qui est au bas; faites une marque N° 6; cette marque N° 6 forme la largeur du bas; placez une règle sur les marques N° 6 et N° 5, et tirez la ligne de la couture de côté, du haut en bas.

11. Dessinez la carrure en partant de la marque N° 4, en creusant légèrement, et rejoignez la marque N° 5, ligne E; dessinez la couture d'épaulette, en partant de la marque N° 2, en creusant un peu

póur rejoindre la marque N° 4, ligne C; dessinez l'encolure en partant de la ligne A et B, en montant 1 centimètre plus haut que la ligne B à la marque 2. (*Voyez* le modèle.)

PLANCHE QUATRIÈME. — FIGURE N° 7.

TRACÉ DU DEVANT DU PALETOT SAC

1. Le tracé du devant du paletot-sac est le même que pour un autre vêtement; vous tracerez les lignes A et C jusqu'au bas du paletot et la ligne A, éloignée du bord de l'étoffe de 8 à 10 centimètres ; ces 8 à 10 centimètres seront à la croisure du devant.

2. Tracez les lignes A, B, C, D, E, F et G, et la couture de l'épaulette du devant comme il est expliqué à la première leçon du devant, pour le tracé naturel. (*Voyez* planche première, figure N° 3.)

3. Mettez le huitième de la grosseur du haut à la marque N° 8, lignes G et D, en suivant la ligne D sur le côté ; faites la marque N° 16, là où porte ce huitième ; cette marque N° 16 forme la largeur du devant, et le haut de la couture de côté sous le bras.

4. Mettez la moitié de la grosseur du haut au bas de la ligne C, en suivant la ligne du bas du devant; faites la marque 14 qui formera la largeur du bas. Placez une règle sur les marques 14 et 16, et tirez la ligne de couture de côté, du haut en bas ; ce tracé forme un paletot-sac tombant naturellement et droit. Si l'on voulait plus d'ampleur à la jupe, on ajouterait ce que l'on voudrait à la marque 14, en arrivant à 2 centimètres de la marque 16. Observons qu'à tous les pardessus on doit redresser l'épaulette d'un bon centimètre, à la marque N° 5, et creuser d'un centimètre le devant de l'emmanchure. (*Voyez* planche quatrième, figure N° 7).

PLANCHE CINQUIÈME. — FIGURE N° 1.

COURS THÉORIQUE DU TRACÉ DES PANTALONS

1. Pour le tracé du devant, tirez une ligne à la règle de la longueur du devant, et au bord de l'étoffe, cette ligne est la ligne A.

2. Tirez une autre ligne en travers et d'équerre avec la ligne A; cette ligne forme le haut du devant; c'est la ligne B.

3. Mettez la longueur de la mesure de côté à la ligne B, en descendant sur la ligne A : faites une marque N° 1, là où porte cette longueur totale du côté; cette marque N° 1 doit former la ligne C, qui est le bas du devant. Tirez cette ligne C d'équerre avec la ligne A.

4. Partagez la longueur totale de côté en quatre ; et mettez le quart de cette longueur de côté, à la ligne B, en descendant sur la ligne A; faites une marque N° 2 sur la ligne A, là où porte ce quart; cette marque N° 2 doit former la ligne D ; tirez cette lignez D d'équerre avec la ligne A ; elle doit encore former la ligne de la pointe de l'enfourchure; c'est-à-dire, qu'il faut le quart de la longueur de côté pour le montant, depuis la ligne de l'enfourchure qui est la ligne D, jusqu'au haut du devant à la ligne B ; et les trois quarts de cette même longueur de côté, pour la longueur d'entre-jambes depuis la ligne de l'enfourchure jusqu'à la semelle du soulier.

5. Partagez encore par moitié la distance qui se trouve entre la ligne D et la ligne C; faites une marque N° 3 ; cette marque doit former la ligne E, que l'on tirera d'équerre avec la ligne A. Cette ligne E arrive juste au jarret et est juste la longueur d'une culotte avec la jarretière; ajoutez 5 centimètres à cette marque N° 3, en montant sur la ligne A; faites une autre marque N° 4, là où portent ces 5 centimètres; cette marque N° 4 représente la hauteur juste du genou. Nous avons indiqué cette ligne par des points.

6. Partagez par moitié la grosseur du tour des reins, ou bassin ; portez cette moitié à la ligne A, marque N° 2, en suivant la ligne D ; faites une marque qui doit former le bas de la ligne F ; portez cette même moitié du tour des reins, à la ligne A en haut, en suivant la ligne B ; faites une marque qui doit former le haut de la ligne F ; placez une règle sur ces deux dernières marques, et tirez cette ligne F depuis la ligne B jusqu'à la ligne D.

7. Partagez par moitié la distance entre les lignes F et A ; faites une marque N° 5 au milieu, sur la ligne D. Cette marque doit former le haut de la ligne d'aplomb ; portez la moitié de cette même distance à la ligne A, au bas, marque N° 1, en suivant la ligne C, et faites une marque N° 6 qui doit former le bas de la ligne d'aplomb ; placez une règle sur les marques N° 6 et N° 5, et tirez cette ligne du haut en bas.

8. Partagez par moitié la distance de la ligne F, à la marque N° 5 ; portez cette moitié à la ligne F, en suivant la ligne D ; faites une marque N° 7, qui doit former la pointe de l'enfourchure du côté le plus large ;

9. Partagez par moitié, la distance de la ligne F, à la marque N° 7 ; faites une marque N° 8, au milieu.

10. Partagez encore la distance de la ligne F à la marque N° 8 ; faites également une marque N° 9 au milieu.

11. Placez une règle sur la marque N° 9 et sur le haut de la ligne F, ligne B, et tirez cette ligne N° 9.

12. Pour creuser l'enfourchure du côté le plus large ; prenez la distance de la ligne F à la marque N° 8 ; portez cette distance au bas de la ligne F, ligne D, et dans le milieu de l'angle, entre la marque N° 7 et la ligne N° 9, faites une marque N° 10, là où porte cette distance. Cette marque doit former le plus creux de l'enfourchure du côté le plus large. Nous avons indiqué cette distance par des petits points. Dessinez l'enfourchure du côté le plus large, en partant à peu près du milieu de la ligne N° 9, en creusant légèrement pour rejoindre la marque N° 10, et, de ce point, la pointe de l'enfourchure, marque N° 7.

13. Dessinez l'enfourchure du côté le plus étroit, en creusant du milieu de la ligne F, en creusant pour rejoindre la ligne D, à 2 centimètres de la marque N° 7. Observons qu'il doit exister une distance pour un homme ordinaire, de 2 centimètres entre le plus creux du petit côté et le plus creux du côté le plus large, vis-à-vis de la marque N° 10. Pour un petit garçon, on ne diminuera le petit côté que d'un centimètre.

14. Mettez la largeur que vous voudrez au bas du devant, en prenant la ligne d'aplomb ou la marque N° 6 pour point de départ. On met généralement 16 centimètres pour la largeur du bas du devant ; mais elle varie suivant le goût ou la mode. Mettez 8 centimètres de chaque côté du bas de la ligne d'aplomb à la marque N° 6 ; faites une marque à 8 centimètres de chaque côté. L'une de ces marques forme la couture de côté, l'autre, la couture de l'entre-jambes ; placez une règle sur les lignes A et D, sur le côté, et sur la marque que vous venez de faire au bas, ligne C, et tirez cette ligne qui forme la couture de côté, en partant des lignes A et D, jusqu'au bas, ligne C. Placez encore la règle sur la pointe du petit côté à l'enfourchure, et sur la marque au bas de la couture de l'entre-jambes, en partant de la pointe du petit côté jusqu'au bas, ligne C ; tracez maintenant la pointe de l'entre-jambes du côté le plus large, en partant de la marque N° 7, en creusant légèrement pour rejoindre la ligne de la couture de l'entre-jambes, du côté le plus étroit, à peu près au milieu de la cuisse.

15. Pour dessiner le creux des hanches, mettez la moitié de la largeur de ceinture à la ligne F en haut, en suivant la ligne B sur le côté ; faites une marque N° 11, là où porte cette demi-largeur de ceinture ; dessinez le rond des hanches, en partant de la ligne A au milieu, entre les lignes B et D, en arrondissant, et rejoignez la marque N° 11, sur la ligne B. Si le client est mince de ceinture, on baissera le haut du devant à la ligne F, en arrivant à rien jusqu'à la marque N° 11, comme nous l'avons indiqué par des points. Ce tracé du devant est pour un pantalon demi-ajusté ; si on veut faire un pantalon collant, il suffira de placer la largeur du genou, et de diminuer autant à l'entre-jambes que sur le côté ; c'est-à-

dire que la ligne d'aplomb doit toujours partager le milieu du devant dans cette partie. (*Voyez* planche cinquième, figure N° 1.)

PLANCHE CINQUIÈME. — FIGURE N° 2.

TRACÉ DU DERRIÈRE DU PANTALON

1. Placez le devant le plus large sur l'étoffe pour vous guider en traçant le derrière, de manière que la pointe de l'enfourchure du derrière soit à la lisière, et le côté des hanches là où vous avez tiré la pointe de l'enfourchure du devant. Il faudra porter son attention sur les raies ou carreaux du derrière, pour les faire coïncider avec ceux du devant.

2. Le devant étant placé comme nous venons de l'expliquer, tirez une ligne à la règle, en suivant la ligne D du devant, afin de former la pointe de l'enfourchure du derrière ; et tirez une autre ligne en suivant le bas du devant pour obtenir le bas du derrière ; faites une marque sur le derrière au bas de la ligne d'aplomb du devant ; cette marque N° 6 est le milieu juste du derrière au talon du soulier ou de la botte.

3. Prenez la distance depuis la ligne F jusqu'à la pointe de l'enfourchure marque N° 7. Portez la moitié de cette distance à la pointe de l'enfourchure, marque N° 7, en suivant la ligne D ; faites une marque N° 12, là où porte cette moitié : cette marque formera la pointe de l'enfourchure du derrière.

4. Partagez par moitié la distance de la marque N° 7 à la marque N° 12 ; faites une marque N° 13 au milieu. Cette marque formera le bas de la ligne du montant du derrière jusqu'à la ceinture ; placez une règle sur la marque N° 13, en rentrant de 3 centimètres sur le haut du devant, lignes F et B, et tirez une ligne N° 13, en partant de la marque N° 13 au creux de l'enfourchure, jusqu'au haut du derrière à la ceinture.

5. Placez le centimètre à la marque N° 12, à la pointe de l'enfourchure du derrière ; et sur la marque N° 11, à la pointe du côté du devant aux hanches, pivotez et portez cette longueur sur la ligne N° 13 ; faites une marque N° 13 ; cette deuxième marque N° 13 forme le haut du derrière.

6. Mettez la moitié de la largeur de ceinture à la deuxième marque N° 13, en allant droit sur la ligne B, sur le côté, aux hanches ; faites une marque N° 14, là où porte cette demi-largeur de ceinture ; ajoutez 2 centimètres à la marque N° 14. Ces 2 centimètres en plus de la largeur de ceinture serviront à faire par derrière un suçon sans lequel le pantalon ne tiendrait pas sans bretelles sur les hanches. Tirez une ligne droite de la marque N° 13 à la marque N° 14. Si le client est mince de ceinture, on creusera cette dernière ligne d'un centimètre.

7. Mettez la largeur que vous voudrez au bas du pantalon. La mode du jour est de 44 à 46 centimètres de largeur totale pour le bas. Supposons 46 centimètres : Nous prenons toujours la ligne d'aplomb, marque N° 6, pour point de départ ; nous avons pour la largeur du bas du devant 8 centimètres de chaque côté de la ligne d'aplomb, ce qui fait 16 centimètres pour le bas du devant, et nous voulons donner 46 centimètres de largeur totale au bas ; c'est donc 30 centimètres qu'il faut encore pour la largeur du bas du derrière ; mettez 15 centimètres de chaque côté de la ligne d'aplomb, marque N° 6, et vous obtiendrez 46 centimètres de largeur totale ; c'est-à-dire que vous mettrez la largeur que vous voudrez, mais autant sur le côté qu'à l'entre-jambes, de chaque côté de la ligne d'aplomb.

8. Placez une règle sur la largeur du genou sur le côté, et sur la marque de la largeur du bas du derrière sur le côté ; tirez cette ligne depuis le genou jusqu'au bas et faites de même à l'entre-jambes.

9. Dessinez la pointe de l'enfourchure en partant du milieu de la ligne N° 13 ; creusez d'un centimètre en partant insensiblement du milieu et en arrivant à rien à la marque N° 13 ; de ce point, arrivez à la largeur à 2 centimètres plus bas que la marque N° 12, à partir de laquelle vous creuserez pour rejoindre la ligne de l'entre-jambes à 3 ou 4 centimètres plus haut que la ligne en travers du genou. Pour la forme du bas, on suivra le goût ou la mode. (*Voyez* le modèle planche cinquième, figures N°° 1 et 2).

PLANCHE CINQUIÈME. — FIGURE N° 3.

TRACÉ DES PANTALONS A GROS VENTRE

Le tracé pour les pantalons à gros ventre est le même que pour les pantalons ordinaires ; seulement lorsque le ventre grossit, peu à peu le creux des hanches se remplit dans les mêmes proportions, jusqu'à ce que le creux des hanches devienne souvent plus saillant que les hanches même. Il n'est plus possible alors de trouver l'os de la hanche, qui est notre point de départ pour prendre la mesure de longueur de côté ; dans ce cas, il est de toute nécessité de prendre la mesure de longueur de l'entrejambes, et la grosseur sur le plus gros du ventre.

Quand on s'aperçoit que le client porte 43, 44 centimètres ou plus de ceinture, c'est que le ventre commence à grossir ; on doit alors prendre la grosseur du ventre en dehors des mesures ordinaires, comme on le verra dans notre tracé pour les gros ventres.

1. Quand le devant est tracé naturellement, vous mettez la moitié de la largeur de ceinture à la ligne F, en suivant sur la ligne B ; faites une marque N° 11, là où porte cette demi-largeur de ceinture sur le côté, soit en dedans ou en dehors de la ligne A.

2. Mettez la différence qu'il y a entre la moitié de la grosseur du ventre et la moitié de la grosseur de ceinture à la ligne F ; faites une marque N° 8, là où porte cette demi-grosseur du ventre. c'est-à-dire en supposant que la demi-grosseur de ceinture porte 50 centimètres et la demi-grosseur du ventre 54, soit 4 centimètres en plus pour la grosseur du ventre qu'il faut mettre à la ligne F, en suivant la ligne B par devant ; faites la marque N° 8, là où portent ces 4 centimètres sur la ligne B, et tracez le rond du ventre en partant de la marque N° 8, et en rejoignant à rien la marque N° 10 au creux de l'enfourchure. Observons que le haut du devant à la ligne F doit monter plus haut que la ligne B d'une distance égale à celle qui existe entre la ligne F et la marque N° 8 en arrivant à rien sur le côté, marque N° 11.

2. Mettez maintenant la moitié de la largeur de ceinture à la marque N° 8, en suivant la ligne B, sur le côté, faites une marque N° 9, là où porte cette demi-largeur de ceinture ; dessinez le rond de la hanche plus ou moins, d'après la mesure en dedans de la ligne A. Si la largeur de ceinture portait en dehors de la ligne A au lieu du rond, cette partie formerait un creux ou droit, ainsi que nous l'avons indiqué par des points, et le creux des hanches serait plus saillant que les hanches. Pour le derrière, au lieu de creuser la couture de ceinture au haut du derrière, on laissera un peu de rond dans cette partie pour pouvoir emboîter les pelottes de graisse des reins naturelles à tous les hommes gras. (Voyez planche cinquième, figure N° 3.)

PLANCHE CINQUIÈME. — FIGURE N° 4.

PANTALON A LA HUSSARDE

Le tracé du pantalon à la hussarde est le même que tous les pantalons ordinaires ; si c'est un gros ventre, on suivra les mêmes indications que celles ci-dessus.

1. Tracez le devant naturellement, seulement, laissez sur le côté la largeur que vous voudrez en dehors de la ligne A. Cette largeur varie suivant le goût du client ; la plus grande largeur doit être au milieu de la cuisse sur le côté, en arrondissant pour rejoindre la marque N° 11 au creux des hanches ; et de même en partant du milieu de la cuisse en arrondissant, pour rejoindre le bas du devant. Quant au derrière, on laissera la couture de côté 3 centimètres plus large que le devant, afin de produire le même rond au côté du derrière, qu'à celui du devant. On doit rentrer cette rondeur de côté d'une diffé-

rence égale à la longueur que le rond fournit au-delà de la longueur de côté qui est droite. Sans cette précaution le rond du côté retomberait, et le pantalon ne serait pas gracieux.

2. On rentrera en dedans de la ligne. N° 13 de 2 centimètres en portant à rien de la marque N° 13, à la couture de ceinture, en creusant de 3 centimètres au milieu, en arrivant à rien à cette marque à l'enfourchure; et, de ce point, à la marque N° 12, à 3 centimètres plus bas. On creusera la couture de ceinture de 2 centimètres, et on tendra cette partie de 2 centimètres sans faire de suçons. Mais comme il serait disgracieux que le pantalon fût très-large sur les côtés, et juste dans l'entre-jambes, on laissera le derrière plus large de 2 centimètres du genou, et de ce point, en allant presque droit jusqu'au bas. On ne fera ces changements au derrière que pour les pantalons de ce genre, par la raison que la largeur de côté fournit à tous les mouvements; mais on se gardera bien de faire de même aux pantalons demi-larges, car le client ne pourrait pas s'asseoir. (*Voyez* planche cinquième, figure N° 4.)

PLANCHE CINQUIÈME. — FIGURE N° 4.

TRACÉ DES PANTALONS A PLIS

Le tracé du pantalon à plis est toujours le même en principe, à cela près que toutes les largeurs pour les plis doivent être sur le côté en dehors de la ligne A. Il n'y a que le premier pli par devant qui se perd à l'enfourchure; et il faut laisser de l'étoffe en dehors de la ligne F, par devant. Nous avons indiqué ce genre de pantalon par des lignes de petits points sur le tracé même du pantalon à la hussarde. (*Voyez* figure N° 4.)

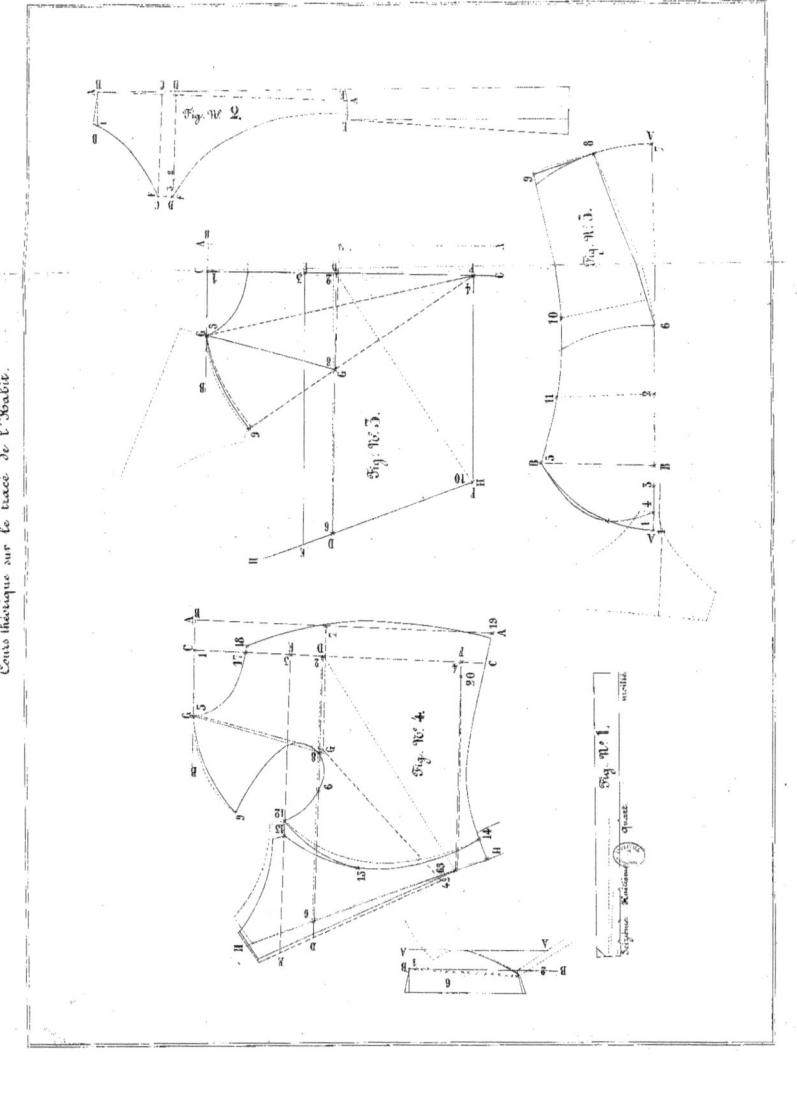

PLANCHE 1re

Cours théorique sur le tracé de l'Habit.

Fig. N° 2.

Fig. N° 3.

Fig. N° 4.

Fig. N° 5.

Fig. N° 1.

Fig. 1.

Fig. 2.

Fig. 3.

Fig. 4.

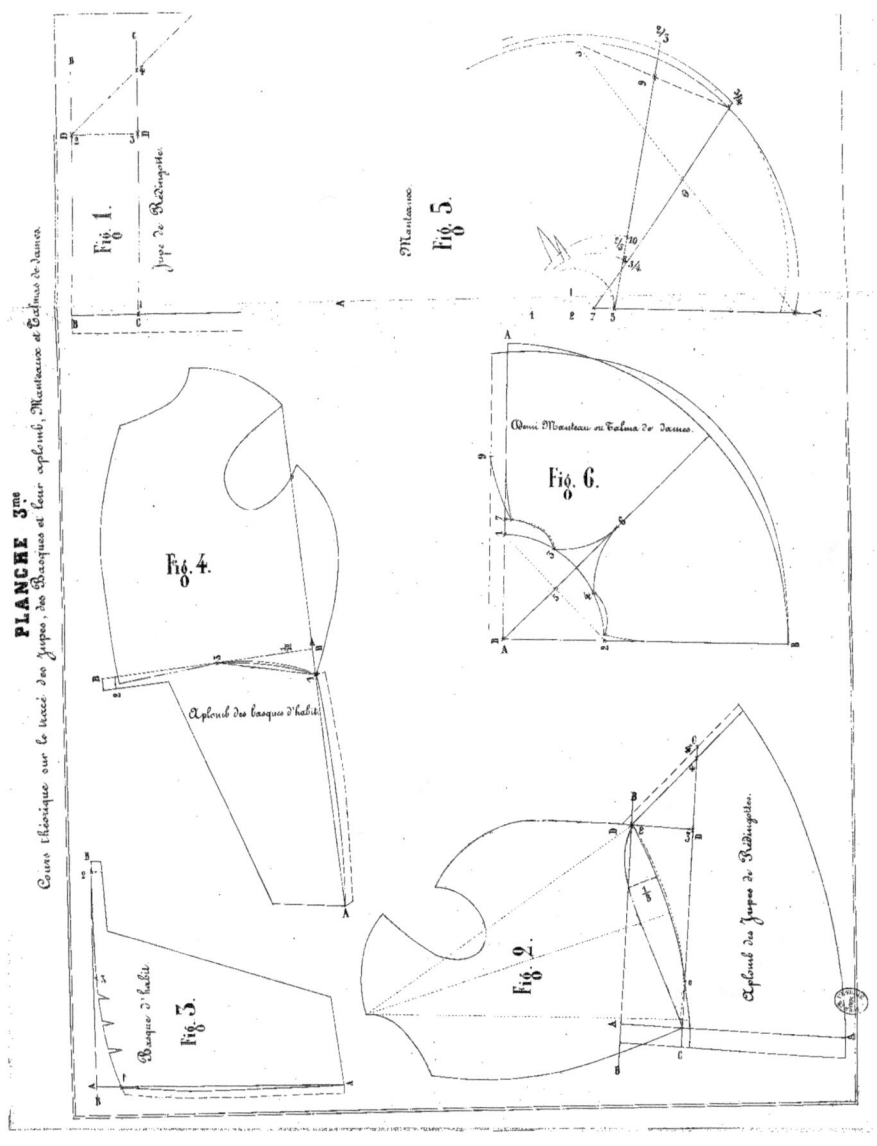

PLANCHE 3.me

Cours théorique sur le tracé des Jupes, des Basques et leur aplomb, Manteaux et Talmas de Dames.

Fig. 1.

Jupe de Rédingotte.

Manteaux.

Fig. 5.

Fig. 4.

Aplomb des basques d'habit.

Basque d'habit.

Fig. 3.

Demi Manteau ou Talma de Dames.

Fig. 6.

Fig. 2.

Aplomb des Jupes de Rédingotte.

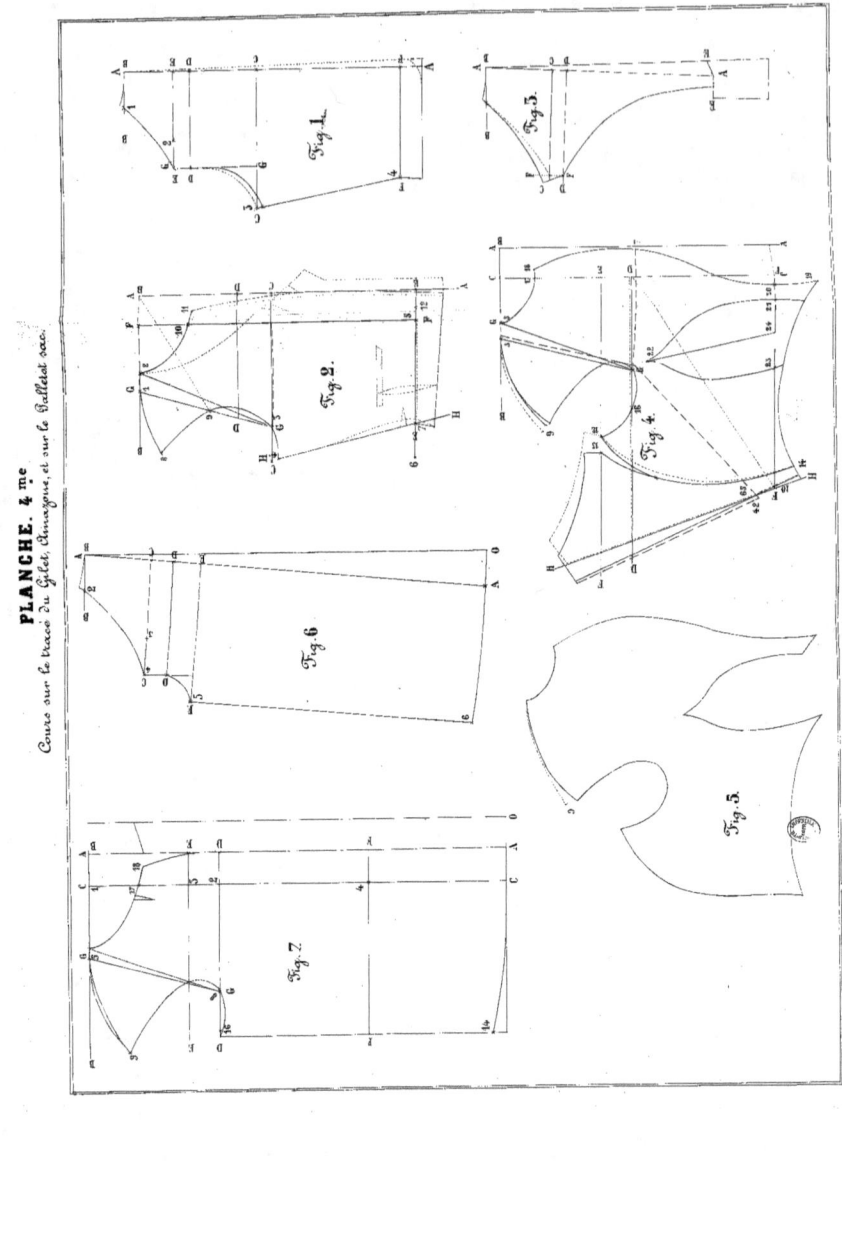

PLANCHE. 4 me.

Cours sur le tracé du Gilet, Chemagne, et sur le Paletot sac.

Fig. 1.

Fig. 3.

Fig. 2.

Fig. 4.

Fig. 5.

Fig. 6.

Fig. 7.

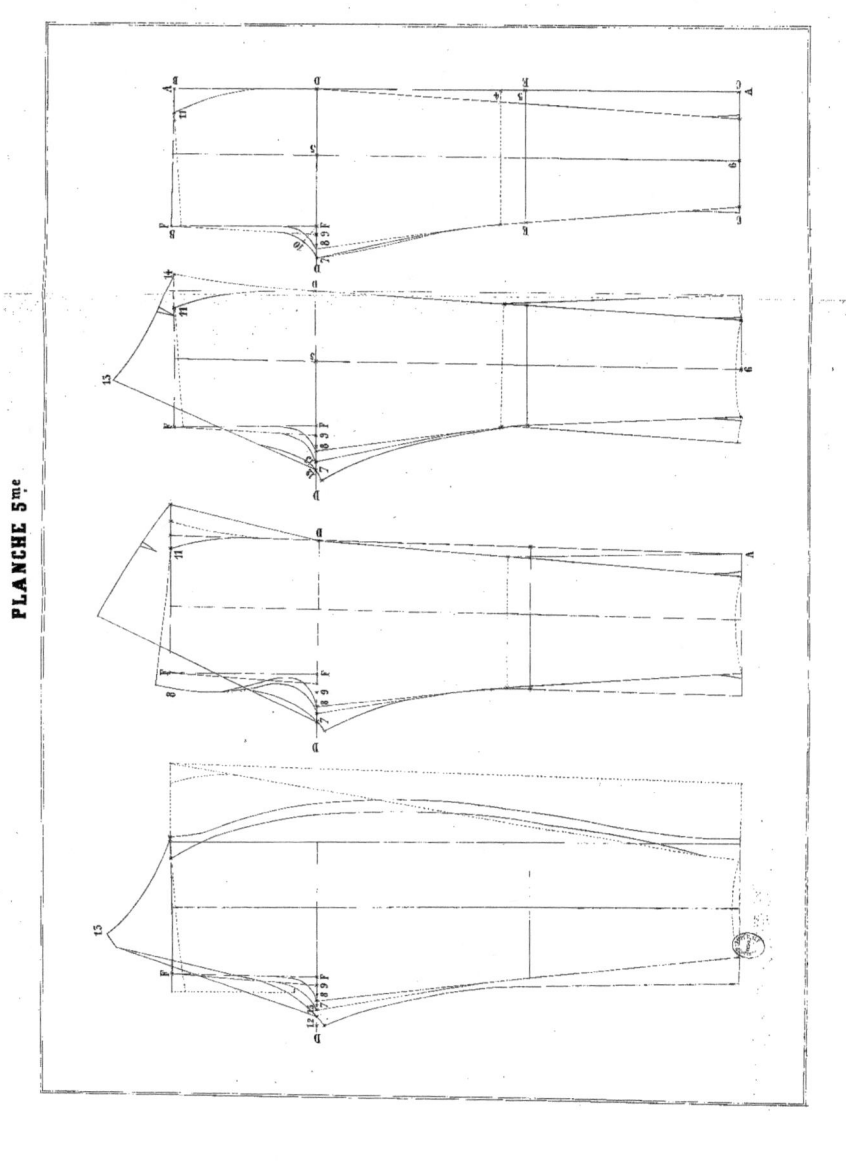

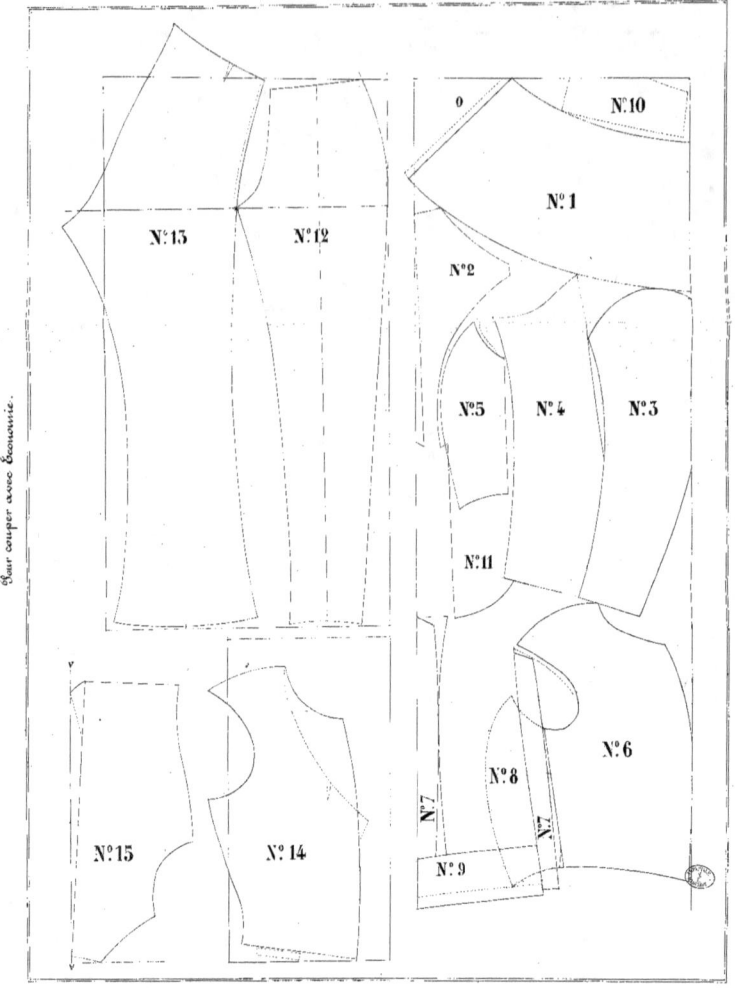

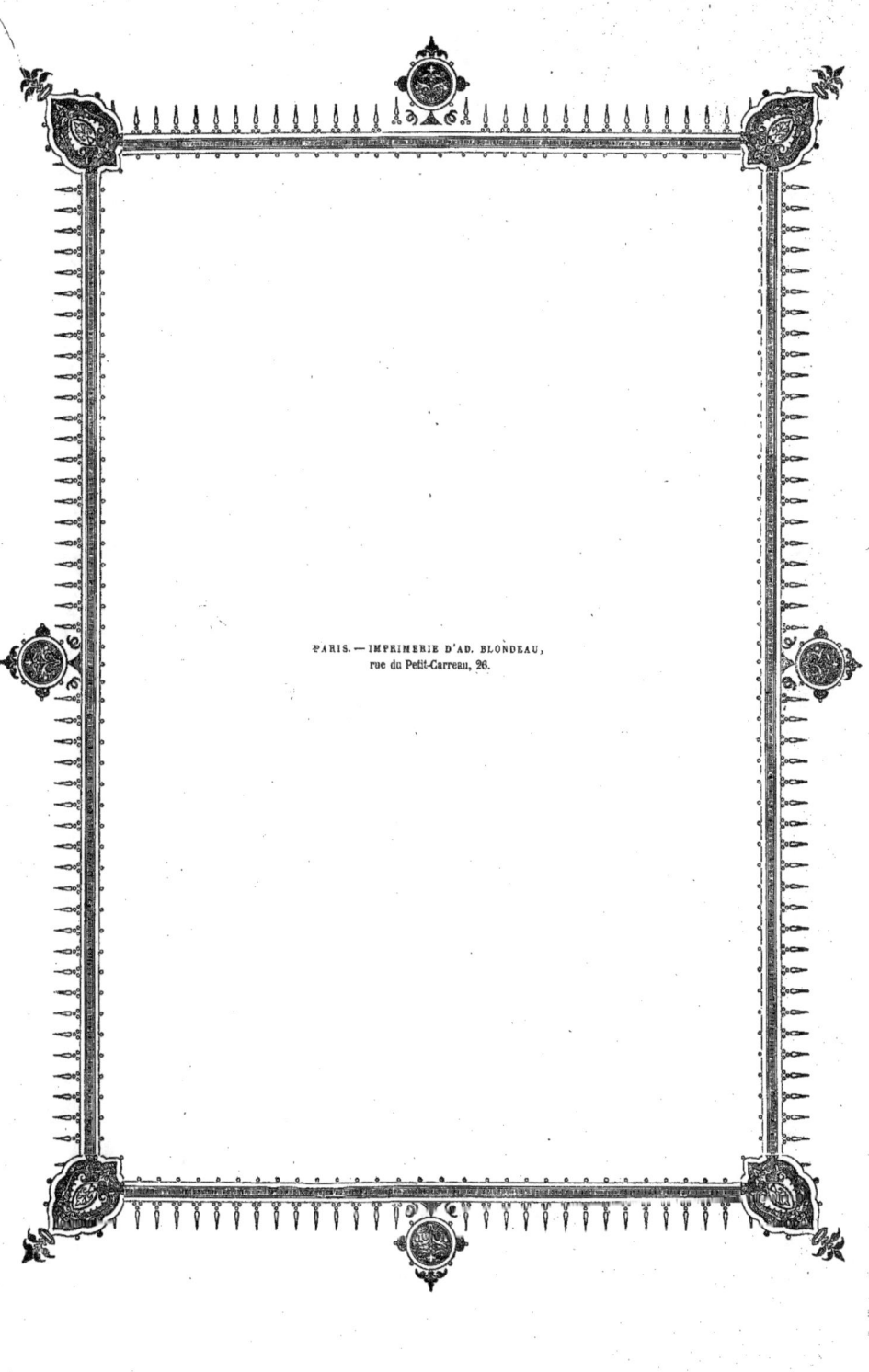

PARIS. — IMPRIMERIE D'AD. BLONDEAU,
rue du Petit-Carreau, 26.